CHOCOLATES

Exquisitos

Título original
Heißgeliebte Schokalade
© 1990 Sigloch Edition, 74653 Künzelsau, Alemania

Editor
Panamericana Editorial Ltda.

Dirección Editorial
Andrés Olivos Lombana

Edición
Nohra Angélica Barrero Z.

Diagramación
Adriana María Gómez Barbosa

Traducción
María Lucía Bock

Fotografías

Strassburg, Horst
   Chocolates exquisitos : 78 recetas con fotografías exclusivas de Hans Joachim Döbbelin / Horst Strassburg. -- Bogotá : Panamericana Editorial, 2002.
   112 p. : il. ; 22 cm. -- (Colección sal y dulce)
   Título original : Hessgeliebte schokolate.
   Incluye índices.
   Incluye glosario.
   ISBN 958-30-0943-1
   1. Cocina 2. Chocolates (Cocina) 3. Confitería I. Döbbelin, Hans Joachim, il. II. Tit. III. Serie
641.6374 cd 20 ed.
AHL0071

     CEP-Banco de la República-Biblioteca Luis-Angel Arango

Archivo fotográfico propiedad de la cultura prusiana: 9,11
Fotoestudio Eising: 4/5; Mauritius: Ace 12; Eisele 94; H. Schwarz 16; Wendler 15
Archivo fotográfico Sigloch / Hans Joachim Döbbelin: 2; 18/19/20/21, 38, 54, 56, 58, 60, 68, 82 y fotos de las recetas de las páginas 23 a 105; ZEFA: Mark Tomalty 7

Primera edición, Editorial Voluntad S.A., 1995
Primera edición en Panamericana Editorial Ltda., julio de 2002

© Panamericana Editorial Ltda.
Calle 12 No. 34-20, Tels.: 3603077 - 2770100
Fax: (57 1) 2373805
Correo electrónico: panaedit@panamericana.com
www.panamericanaeditorial.com.co
Bogotá, D. C., Colombia

ISBN volumen: 958-30-0943-1
ISBN colección: 958-30-0706-4

Impreso por Panamericana Formas e Impresos S. A.
Calle 65 No. 95-28, Tels.: 4302110 - 4300355, Fax: (57 1) 2763008
Quien sólo actúa como impresor.

Impreso en Colombia   Printed in Colombia

Horst Strassburg

CHOCOLATES
Exquisitos

78 recetas
con fotografías
exclusivas de
Hans Joachim Döbbelin

PANAMERICANA
EDITORIAL

Contenido

Un soplo de lujo

¿Qué habría sucedido si los indios no descubren que se podía preparar un bebida nutritiva con la pequeña semilla del árbol de cacao? ¿Y si los europeos, en su codicia ciega por el oro brillante hubieran pasado por alto el moreno *Xocolatl* sin llevarlo a su patria? ¿Qué clase de poema habría compuesto Goethe si hubiera tenido que renunciar a esa bebida de color carmelita y gusto dulce que tomaba por las mañanas? ¿Qué cosa se derretiría hoy en nuestra lengua si numerosos cocineros, pasteleros y panaderos no hubieran contribuido a perfeccionar el divino chocolate? No se puede concebir un mundo sin exquisitos chocolates. En lo más profundo del corazón y en cada estómago se combinan con el chocolate los sentimientos más agradables. Desde la infancia nos han regalado y consolado con tabletas de chocolate. Más tarde endulzamos la vida y condimentamos la cotidianidad con porciones de lujo; una caja de bombones, un chocolate caliente con unas gotas de ron fuerte, una gran torta de trufas o simplemente un soplo de cacao sobre el *capuchino*. ¿Quién querría renunciar a esto?

Para los indios el *Xocolatl* era principalmente un alimento. En Europa desde el comienzo significó un lujo. En la actualidad, probablemente es el alimento más apreciado. Por lo general cualquier persona se deleita con el sabor de un chocolate de leche o del semiamargo al derretirse en la lengua. El chocolate atrae a todos, jóvenes o viejos, hombres o mujeres.

Durante mucho tiempo sólo la aristocracia y la burguesía podían permitirse ese gusto; las damas y los caballeros tomaban uno por las mañanas, de preferencia en la cama. La era de la industrialización volvió asequible el precio del exquisito producto y mejoró considerablemente su sabor. Cuando vemos las estanterías de los supermercados dobladas bajo el peso de la enorme oferta de chocolates de todos los precios, constatamos que su exclusiva fama se ha conservado. En la actualidad empleamos chocolates en todo lo que significa gusto y lujo: postres, tortas, bizcochos, bombones, helados y bebidas. Quien comience a preparar recetas deliciosas con chocolate, se fascinará por sus múltiples posibilidades de uso, ya que se puede emplear como bebida, condimento para masas y salsas, helado, derretido para cobertura, decoración, y disfrutarlo cuando se deslíe en la boca.

Manjar de dioses y medio de pago

El chocolate no puede considerarse un bien cultural europeo, porque hace 1200 años ya era la bebida y el alimento más significativo para los indios latinoamericanos.

Los mexicanos calificaron el fruto del árbol del cacao como «manjar de dioses» y le atribuían un origen divino.

En el mito del sacerdote Quetzalcoatl se narra que robó la planta de cacao del país bendito de los primeros hijos del Sol para que su pueblo también pudiera disfrutar este maravilloso plato. Quetzalcoatl plantó las semillas en sus jardines, donde se desarrollaron vistosos árboles, y por esto consiguió gran prestigio y riqueza; dejó espléndidos palacios de oro, plata y piedras preciosas y vivió con gran prosperidad. El espíritu mayor finalmente lo convirtió en espíritu del aire, el viento, la lluvia y el rocío. Quetzalcoatl fue una de las deidades mexicanas más populares y el plato de los dioses, el chocolate, se convirtió no sólo en uno de los alimentos más importantes de los indios, sino también en un producto comercial.

Ya en el siglo VI d.C. los indios cultivaban el cacao en plantaciones. De los frutos obtenían el *Xocolatl*, una masa muy parecida a nuestro chocolate. Primero tostaban los granos del cacao, que luego trituraban en un mortero y trabajaban hasta lograr una masa condimentada con vainilla, pimienta de olor y pimienta. Luego cocinaban las tortas con agua hasta que la mantequilla del cacao se depositaba en la superficie y se podía retirar.

Para los indios el chocolate era un alimento muy práctico: las tortas se podían llevar fácilmente a los viajes, guerras y jornadas de cacería; además, la bebida que se preparaba con éstas era nutritiva y fortificante.

Los indios de las regiones del sur que cultivaban cacao lo intercambiaban con las tribus del norte por telas y objetos de alfarería. Algunos comerciantes deshonestos intentaban falsificar los productos de calidad pintando o sumergiendo los granos en ceniza y tierra para que se vieran más grandes.

El cacao no sólo sirvió para fabricar alimentos, sino múltiples productos como cosméticos y medicamentos que los indios preparaban con su grasa. Además, los granos se usaron como medio de pago. Hernán Cortés, el conquistador que con cruel violencia sometió al continente suramericano, señaló: «Los granos son tan preciados en todo el país que se pueden usar como monedas y pagar las compras con éstas». Cuatrocientos granos significaban un *tzontli*, 20 *tzontli* un *xiquipilli* y tres de éstos un *cargo*, la más alta unidad de valor. El emperador Moctezuma, por ejemplo, recibía de la provincia mexicana de Tabasco 16 millones de granos de cacao al año. Este medio de pago tenía, sin embargo, una desventaja, porque con el tiempo se secaba y encogía.

Anton Burger lo muestra claramente en su grabado de 1876:
los blancos dejaban trabajar a los negros en sus plantaciones
de cacao en el Nuevo Mundo. El chocolate cruzó
el gran charco y conquistó rápidamente al Viejo Mundo.

Los europeos que desembarcaron al comienzo del siglo XVI en Suramérica, se interesaron primero por el oro de los aztecas, que al principio obtuvieron sin ninguna resistencia pues los indios poseían suficiente. Pero el valioso cacao tampoco pasó desapercibido a la codicia europea. Hernán Cortés permitió las plantaciones para poder disponer, al igual que los indios, de medios de pago que crecían en los árboles. Con el tiempo los conquistadores europeos reconocieron las ventajas del chocolate y lo llevaron a Europa.

9

De bebida noble a barra de chocolate

"Uno tendría que acostumbrarse al brebaje para no sentirse mal a la vista de la espuma, que parece levadura sobre un líquido fermentado".

Es increíble que esta cita se refiera al chocolate, pero la bebida de los indios necesitó mucho tiempo para ser aceptada por los europeos. Los cocineros de la corte española variaron su preparación y en lugar de pimienta mezclaron azúcar con el cacao. Cuando a través de procedimientos especiales lograron disminuir el contenido de grasa, el «manjar de dioses» de los indios se puso de moda en la corte. Al poco tiempo los cocineros especializados servían esta delicia al desayuno.

España se aseguró los derechos comerciales del cacao para los siguientes cien años, y guardó celosamente el secreto de cómo obtenían y preparaban esta costosa materia prima. En los monasterios, las monjas y monjes desarrollaron recetas especiales, la mayoría elaborada en los países de origen. Allí los granos se secaban, se molían a mano y se exprimían con condimentos formando una masa que se hervía en agua, y tiempo después se comenzó a preparar con leche. Esta fabricación se utilizó mucho y el producto resultaba de bajo costo. Pero no sólo la corte española se deleitó con la nueva bebida. También en otros países entró a competir con el café y el té. La nueva moda llegó a Francia con la boda de Luis XIII y Ana de Austria, hija del rey español Felipe III. Los judíos expulsados de España finalmente difundieron el chocolate por toda Europa, y pronto fue tomado por las damas y caballeros que antes lo criticaron. Las bebidas calientes, incluso el café y el té, permanecieron inalcanzables para la gente pobre porque la materia prima se importaba desde el otro lado del mar. En general, la gente humilde sólo tomaba bebidas frías como cerveza, vino y leche.

Como se podía ganar buen dinero con el cacao, otros países aspiraron a competir con España. En 1635 los Países Bajos comerciaban el codiciado grano en secreto, hasta que España poco a poco perdió sus derechos de importación y estos países dominaron el mercado mundial. Pero el chocolate no sólo provocó luchas en cuanto a derechos comerciales inciertos: la Iglesia discutió si este estimulante rompía o no el ayuno. Para unos tenía un alto valor nutritivo demostrable y lo comían con gusto. Para otros valía el principio de «*Liquidum non frangit ieiunium*» (lo líquido no rompe el ayuno). Por último el Papa Pío V decidió que la bebida también se podía tomar durante el ayuno, y su difusión, sobre todo en países católicos como Italia y España, fue muy útil. Sin embargo, como en Suramérica las españolas elegantes podían beber la preciosa bebida incluso durante la misa, el obispo Bernardo de Salazar finalmente se enfureció y prohibió esta costumbre. Después de esto su iglesia permanecía vacía y luego de su muerte repentina corrió el rumor de que las damas lo habían envenenado.

Al menos a los clérigos que viven en celibato se les debería prohibir el gusto por las golosinas, decía la tesis doctoral del austriaco Johann Michael Haider, que de esta manera atrajo la

Lo que en la actualidad está al alcance de todos y endulza nuestra cotidianidad, antes sólo era permitido a los de noble cuna. En la pintura de 1745 de Jean-Etienne Liotards, La niña del chocolate *(véase página anterior), la doncella sirve a su señor la exquisita bebida con un vaso de agua, porque así se usaba en los círculos elegantes.*

ira del clero. El escrito fue quemado y en la actualidad es una curiosa antigüedad.

La Iglesia se mostró abierta ante el asunto de Sebastián de Aparicio: después de una gran donación de 30 kilos de chocolate y seis tazas de costosa porcelana china, no estorbó finalmente su canonización.Johann Wolfgang von Goethe, que veneraba la vida dulce, siempre comenzaba su día con una taza de chocolate. Ni siquiera en los viajes renunciaba a su bebida mañanera y solía llevar una vajilla especial. Las fábricas de porcelana crearon jarras, chocolateras y tazas en las cuales se podía preparar y servir adecuadamente.

Cuando Goethe regalaba una tableta de chocolate a sus apreciadas damas, por supuesto la acompañaba con su correspondiente verso galante:

Disfrutadla con gusto, porque sois
dulce, algo también muy dulce,

decía en un poema para la señora Von Stein en 1780. Su predilección por lo dulce era tal que cuando tenía invitados a cenar sus huéspedes no recibían nada distinto para beber. Friedrich Schiller, el amigo del poeta, también sucumbió ante las galantes golosinas, e incluso las incorporó en el drama *La conspiración de Fiesco contra Genua*, donde la condesa Julia decía: «Eh, madame, el chocolate está hecho, conversemos». En su entusiasmo por la exquisita bebida, encontró que en 1547 aún no era conocida en Italia.

La cultura del chocolate se desarrolló sólo cien años más tarde en toda Europa. Un aviso en el *Public Advertiser* londinense, en 1657, informó que se había inaugurado una tienda de chocolates en Bishopsgate Street y que las damas podían «chocolatear» en salas especiales. Así mismo, en 1674 el chocolate sólido se trabajó en Londres por primera vez en tortas y bizcochos y al mismo tiempo se inventó la más agradable y fina golosina conocida hasta hoy, los bombones. En realidad no fue inventada sino que se "encontró" en el piso de la cocina de un gran gastrónomo, el duque du Plessis-Praslin. Por equivocación un ayudante de cocina dejó caer unas almendras peladas al piso; el *chef,* al abofetearlo, y roció una sartén con azúcar acaramelado sobre las almendras. Un buen remedio pero algo costoso, porque el azúcar y las almendras se necesitaban para el postre que el duque estaba esperando. Así que el chef le sirvió las almendras envueltas en azúcar. El duque se entusiasmó tanto con el nuevo postre que le dio su propio nombre "Praslin". De allí vienen los *Pralinen* en sus más diversas formas.

La era de la industrialización trajo modificaciones importantes para el chocolate. Con ayuda de nuevos molinos se pudo elaborar mayor cantidad de cacao.

Investigadores en Amsterdam lograron sustraer ⅔ de grasa de la mantequilla del cacao. Por primera vez hubo chocolates sólidos para comer, que se ofrecieron en nuevas creaciones y variaciones. En Berlín se hizo incluso una mezcla salvaje de cacao, extracto de carne y azúcar.

A mediados del siglo XIX se proyectó la fabricación de una mezcladora y una porcionadora para introducir las primeras tabletas. El suizo Daniel Potter agregó leche al chocolate y el famoso Rudolph Lindt desarrolló un método especial para que se derritiera en la lengua.

De ahí en adelante las denominaciones se modificaron. La bebida en la mayoría de los casos se llamó «cacao», mientras que la palabra «chocolate» se reservó para el producto sólido. Hoy está al alcance de todos y aún lo tomamos caliente con una capa espumosa.

La industria de dulces modernizó la fabricación y utilizó nuevos métodos de propaganda para llevar sus productos al hombre, a la mujer y sobre todo a los niños. Las tabletas de chocolate se acompañaban con láminas para coleccionar, que representaban las maravillas de la tecnología. Otras series fueron creadas por artistas famosos de la época, quienes no eran muy finos para esta forma de arte.

La producción industrializada y la caída de los precios de la materia prima hicieron que cada vez menos personas envidiaran el lujo del chocolate. Suiza, a principios del siglo, producía 25 millones de kilos al año. Al final de este siglo se consumirán 120.000 toneladas de cacao en el mundo, la mayor parte en Alemania. En la actualidad se cosechan aproximadamente 1,5 millones de toneladas de cacao al año.

Del costoso producto surgió uno de consumo diario, que la industria ofrece en estanterías llenas. Diversas combinaciones con alcohol, frutas y nueces intentaron seducir a los compradores. De simples tabletas surgieron diferentes y atractivas barras de chocolate para utilizar como pasabocas suaves o refrigerios nutritivos. Combinado con leche y yogur o incorporándole aire, la tentación *light* se vuelve atractiva para quienes se ocupan de las calorías y de una sana alimentación. Quien desee comenzar el día con chocolate no tiene que complicarse con recetas, sino simplemente revolver un poco de polvo en leche caliente.

A pesar de todo, el chocolate no ha perdido el aura de lo exclusivo. Aún hoy mostramos nuestro afecto regalando bombones.

Árboles del Paraíso

Theobroma, en alemán «manjar de dioses», es el nombre biológico que Carl von Linné dio a la planta del cacao en 1735. Si lo inspiró el mito de Quetzalcoatl o su predilección personal por el producto, no lo sabemos. Es probable que en sus orígenes el árbol de cacao creciera sólo en los bosques del Amazonas. Los indios lo plantaron en extensas terrazas y difundieron las semillas durante sus viajes y jornadas comerciales por todo Sur y Centroamérica. Los europeos lo llevaron más tarde a las colonias africanas. En la actualidad el árbol de cacao crece en toda la región del cinturón ecuatorial, pero las zonas principales están en la costa oeste africana y Brasil.

El clima tropical es indispensable para el desarrollo de la planta y sobre todo necesita sombra. Los arbustos de crecimiento rápido como la mandioca, banano y coco se ofrecen como «madres del cacao» para proteger la planta joven de los rayos directos del sol. El árbol de cacao puede crecer hasta doce metros, pero en las plantaciones se podan a los seis para cosechar más fácilmente los frutos.

Con sus miles de florecitas rojas y blancas pertenece a los más bellos árboles tropicales. En promedio sólo da 30 a 40 frutos por año. Las flores duran sólo unas pocas horas y la polinización aérea sucede con poca frecuencia. Los frutos ovalados son de 15 a 25 cm de largo con un diámetro aproximado de 10 cm. Pesan entre 300 y 350 gramos y cada uno contiene de 20 a 50 semillas, llamadas granos de cacao. El fruto primero es verde, luego amarillo y por último, según la variedad, adquiere diferentes tonos de rojo. Su maduración dura entre cuatro y nueve meses.

La cosecha principal se realiza después del tiempo de lluvias y una segunda en mayo, antes de las siguientes. Como el árbol da al mismo tiempo flores y frutos y deben probarse los diferentes estados de maduración, su cosecha resulta un arduo trabajo manual. Los frutos, que se tumban con una hoz y se parten de inmediato, contienen la carne blanca donde yacen las semillas. De inmediato se deben poner en una tina de fermentación, para suavizar el fuerte sabor amargo de los granos frescos, que adquieren un intenso color carmelita. El proceso de fermentación dura aproximadamente siete días; luego los granos se secan por otros siete bajo el sol tropical y es entonces cuando desarrollan su típico aroma. Con esto se cierra el cultivo en los países productores; el cacao se empaca y se embarca para exportarlo.

En los mercados internacionales se encuentran diferentes clases y calidades de cacao. Por ejemplo, el grano criollo fino con un aroma particularmente discreto y suave; sin embargo, éste integra sólo un 10% del mercado mundial, porque es muy delicado y se mezcla con clases de más baja calidad. Cada productor establece la mezcla especial para «su» chocolate. Es importante realizar un control adecuado de calidad, porque el cacao se daña si está mal fermentado o transportado. La elaboración comienza con la limpieza y el cepillado. El tamiz separa de los granos la suciedad y el polvo. Por último, según la variedad, se tuestan a temperaturas de hasta 130ºC (266ºF), para

intensificar su aroma. Se escogen temperaturas altas para el sabor fuerte del cacao en polvo y más bajas para el chocolate suave. Este proceso también permite retirar las cáscaras con más facilidad. Luego los granos se parten en trocitos y con varios rodillos se exprimen hasta obtener una masa fina. Otras prensas extraen la mantequilla del cacao. Por último queda la «torta de cacao», que se muele. El conocido cacao en polvo, el primer producto final, está listo.

Para producir chocolates se necesitan diferentes materias primas: para unos la masa de cacao y mantequilla; para otros leche y azúcar. Estos ingredientes y otros especiales como condimentos, lecitina y algunos cuyo secreto ninguna empresa divulga y que hacen a cada chocolate único, se amasan en conjunto. Para dar sabores particularmente finos y una consistencia adecuada es necesario combinar bien los componentes individuales. Para esto la masa se pasa por varios rodillos hasta que esté bien molida, se mezcla en una «concha», una artesa cuadrada o redonda, y se calienta a 80°C (176°F), proceso que puede durar hasta 4 días. El producto listo se vierte en diversos moldes, se enfría y empaca. Aunque su fabricación es parecida, el resultado no. La mezcla de diferentes cacaos, la selección cuidadosa, los condimentos y la precisión en la elaboración conducen a múltiples resultados. Un chocolate es de la mejor calidad cuando se puede partir y no se desmorona y cuando se derrite en la boca y no se pega al paladar.

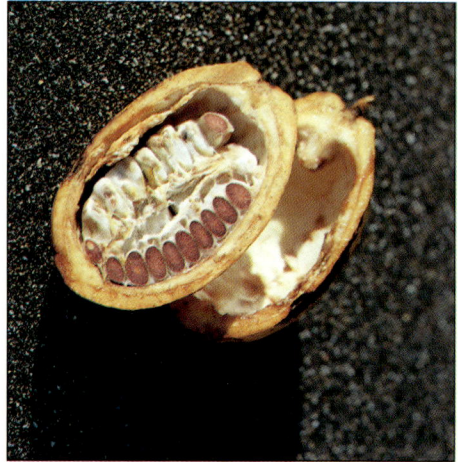

Las semillas de cacao son un producto crudo para gustos exquisitos. Deben seguir un largo camino para convertirse en cacao y derretirse deliciosamente en nuestra boca.

Tanto como el corazón desee

Del fruto divino del árbol de cacao existen ahora dos alimentos excelentes: el cacao en polvo y el chocolate. Quien crea que con esto se ha agotado el tema, se equivoca por completo.

De la base de cacao y mantequilla se originan en la actualidad múltiples productos, difíciles de enumerar.

El cacao en polvo es la base para varias bebidas calientes y frías. Mezclado con azúcar se convierte en chocolate, en polvo o intantáneo, para disfrutarlo rápidamente. Además brinda a las tortas y bizcochos el fuerte sabor a chocolate. El contenido de grasa siempre se anuncia en el empaque: entre un 10% (bien descremado) y un 30% (suave).

Sólo con dar un vistazo a las estanterías de golosinas encontraremos un amplio muestrario de productos a base de chocolate.

Se presentan diversas combinaciones para escoger, como el chocolate completamente blanco, sin masa oscura de cacao, que sólo contiene mantequilla blanca de cacao, con aroma suave y alta proporción de azúcar y leche. Se debe derretir con cuidado porque al calentarlo durante mucho tiempo el azúcar se cristaliza y la masa forma grumos. El chocolate de leche entera contiene un mínimo de 14% de leche y $1/4$ de cacao; es especialmente fino y de sabor no muy fuerte. Una porción de 35% de cacao con otras sustancias amargas produce el sabor del chocolate amargo. El chocolate semiamargo tiene un aroma más suave. La denominación «noble» garantiza que los ingredientes fueron seleccionados cuidadosamente entre los de mejor calidad.

Pese a todos estos productos aún no se alcanza el final del estante, porque otras mezclas con crema de leche, café, nueces, almendras y frutas cristalizadas, esperan ser deleitadas. Rellenos con alcohol, mazapán, *nougat*, crema de menta, leche o yogur complementan el surtido de tabletas. Hay otra gran cantidad de variaciones menos uniformes como barras, pasabocas u hojitas delgadas; durante la Navidad los Papás Noel y ángeles pueblan los estantes, y los conejos en Pascua.

La coronación de todos estos productos se encuentra en las confiterías especiales con los bombones, composiciones de diversos chocolates e ingredientes escogidos, que siempre vienen bien.

Y si esta oferta es aún insuficiente, entonces está la cobertura, el chocolate puro. Y sólo nos resta realizar todos los sueños de nuestro paladar.

Cómo derretir y medir la temperatura de la cobertura: *al derretir chocolate se debe tener cuidado de que la temperatura no sea muy alta, porque daña su calidad. La cobertura se parte en trozos y se derrite al baño maría a 40ºC (104ºF). Para que la cobertura no se caliente tanto, primero se derrite un tercio de la cantidad revolviendo hasta que se disuelva por completo, y luego se retira y se derrite la otra parte. Así se logra una temperatura óptima de 32ºC.*

Cómo cubrir tortas, bizcochos y bombones: *el chocolate derretido a una temperatura de 32ºC se emplea para cubrir tortas, bizcochos y bombones. Las tortas se rocían o pincelan, los bizcochos y bombones se sumerjen o pincelan. Sobre la cobertura aún blanda podrá hacer decoraciones a su elección. La cobertura debe secarse colocando el producto sobre una rejilla metálica.*

Astillas y rollitos de chocolate: *con una cobertura aún flexible se pueden fabricar decoraciones para postres y bebidas. Para lograr esto la cobertura se vierte sobre una superficie lisa y se aplana con una espátula o cuchillo. Las formas deseadas se cortan con una espátula metálica mientras la cobertura está blanda. Estos rollitos o astillas se pueden conservar en tarros.*

Hojas de cobertura: *con este truco se pueden realizar hermosas decoraciones. Las hojas frescas que tengan una superficie tersa se untan con cobertura por un solo lado. Luego se dejan secar sobre papel encerado y se retira la hoja con cuidado. Las hojas de chocolate se pueden preparar con anticipación y conservarse.*

Moldecitos de cobertura: *con cobertura se pueden fabricar moldecitos comestibles. La cobertura se vierte en los moldecitos; si sobra puede devolverla al recipiente. Los moldecitos se colocan sobre una rejilla metálica hasta que se sequen. Los bordes sobrantes se cortan con un cuchillo; por último las formas de chocolate se sacan con cuidado de los moldes.*

Ornamentos de chocolate: *para las filigranas se preparan conos de papel encerado que contengan cobertura derretida. La punta del cono se corta del tamaño deseado. La cobertura se espesa con azúcar pulverizado y unas gotas de agua y luego se rellena el cono. Las decoraciones se dibujan primero sobre papel encerado y luego se pintan encima con la cobertura; por último se dejan secar.*

21

Besitos Dulces
Rollitos de Nuez Moscada

Ingredientes para aprox. 40 Besitos Dulces:

325 g de cobertura de leche entera

125 ml de crema de leche

70 g de mantequilla

azúcar avainillado, al gusto

Para cubrir:

175 g de glaseado de azúcar

10 ml de ron blanco

250 g de cobertura de leche entera

violetas cristalizadas

Parta los 325 g de cobertura en trocitos y derrítalos en la crema de leche. Enfríe la preparación al baño maría frío, revolviendo constantemente hasta que se disuelva por completo. Bata la mantequilla con el azúcar avainillado hasta que esté cremosa, y luego mezcle ligeramente con la crema de chocolate fría. Coloque la preparación en una manga pastelera y forme bolitas sobre una lata; deje que se endurezcan.

Para cubrir: caliente el glaseado de azúcar con el ron. Pinche las bolitas con un tenedor para bombones y remójelas en el glaseado; deje secar. Derrita la cobertura de leche entera al baño maría, sumerja los bombones y decore con las violetas cristalizadas.

Ingredientes para aprox. 25 Rollitos de Nuez Moscada:

200 g de cobertura semiamarga

200 ml de crema de leche

100 g de nueces picadas

300 g de cobertura de chocolate semiamargo

125 g de azúcar pulverizado

½ cdita. de nuez moscada rallada

50 g de azúcar avainillado

Parta la cobertura en trocitos y derrítalos en la crema caliente. Deje enfriar al baño maría frío, revolviendo constantemente. Bata con batidora hasta que la masa se reduzca a la mitad y luego revuelva con las nueces picadas. Coloque esta preparación en una manga pastelera con boquilla hueca y forme rollitos sobre una lata; deje endurecer y córtelos en trozos de 3 cm de largo.

Para cubrir: derrita la cobertura al baño maría y sumerja los rollitos. Deje secar un poco. Mezcle ambos azúcares con la nuez moscada y reboce los rollitos.

Popurrí de Trufas

Trufas de Chocolate
Para aprox. 25 unidades:

300 g de cobertura amarga, 50 g de mantequilla

1 cda. de licor de chocolate, 1 cda. de crema de leche

1 huevo, 30 g de azúcar pulverizado

15 g de cacao en polvo, 20 g de azúcar

Parta la cobertura en trozos y derrítalos al baño maría. Aparte, derrita la mantequilla con el licor y la crema. Mézclela con el chocolate y deje enfriar. Bata el huevo con el azúcar pulverizado hasta que esté cremoso, y luego mezcle con el chocolate derretido. Coloque la masa de trufa en una manga pastelera y forme puntos sobre una lata. Cuando los puntos estén firmes, dé forma de bolitas. Mezcle el cacao con el azúcar y reboce las trufas.

Trufas de Nuez y Ron
Para aprox. 45 unidades:

550 g de cobertura semiamarga

275 ml de crema, 1 cda. de azúcar avainillado

225 g de avellanas, 30 ml de ron

125 g de virutas de chocolate

30 g de azúcar pulverizado

Parta la cobertura en trozos y derrítalos en la crema y el azúcar avainillado. Deje enfriar al baño maría, frío, revolviendo constantemente. Muela las avellanas y mezcle con el ron y la masa de crema. Deje enfriar. Forme bolitas y rebócelas en las virutas de chocolate. Espolvoree con azúcar pulverizado.

Trufas de Mantequilla
Para aprox. 35 unidades:

$\frac{1}{8}$ litro de crema de leche,

125 g de mantequilla

300 g de chocolate de leche entera

125 g de masa de nougat,

azúcar avainillado al gusto o 1 cda. de ron

Para cubrir: 200 g de chocolate blanco

Caliente la crema con la mantequilla y derrita el chocolate de leche y la masa de *nougat*, revolviendo constantemente. Agregue el azúcar avainillado y aromatice con el ron. Deje enfriar y coloque en una manga pastelera. Forme bolitas sobre papel para hornear; deje endurecer. Derrita el chocolate blanco, forme trufas del mismo tamaño, sumérjalas en el chocolate y deje enfriar.

Trufas de Piña
Para aprox. 40 unidades:

400 g de cobertura de chocolate amargo

180 g de cobertura de chocolate de leche

225 ml de crema de leche

125 g de mermelada de piña

500 g de cobertura de chocolate

125 g de trozos de piña cristalizada

Derrita ambas coberturas en la crema. Deje enfriar y mezcle con la mermelada. Cubra una lata con la masa y deje endurecer. Derrita la cobertura de chocolate al baño maría. Corte rombos de la masa de trufa, sumérjalos en la cobertura derretida y decore encima con la piña cristalizada.

Picos de Chocolate
Barritas a la Moda

Ingredientes para aprox. 25 Picos:

250 g de cobertura amarga

125 g de azúcar pulverizado

125 g de mantequilla a temperatura ambiente

20 ml de Kirsch

300 g de cobertura de leche entera

Derrita la cobertura amarga al baño maría. Aparte, caliente el azúcar. Bata la mantequilla con el azúcar hasta que esté cremosa. Mezcle la cobertura tibia con el *Kirsch* y la masa de mantequilla. Coloque esta preparación en una manga pastelera y forme sombreritos sobre una lata. Derrita la cobertura de leche entera al baño maría y déjela enfriar hasta 30°C (86°F). Pinche los sombreritos con un tenedor para bombones y sumerja la punta de éstos en la cobertura. Déjelos reposar sobre una rejilla hasta que se endurezcan.

Ingredientes para aprox. 40 Barritas:

375 g de cobertura amarga

180 ml de crema de leche

2 cdas. de café instantáneo

¼ cdita. de esencia de vainilla

250 g de cobertura de leche entera

100 g de nueces picadas

Parta la cobertura amarga en trozos, derrítala en la crema y luego enfríe al baño maría frío, revolviendo constantemente hasta que se disuelva por completo. Mezcle con el café y la esencia de vainilla; bata la masa con batidora. Coloque la preparación en una manga pastelera y forme barritas sobre una lata. Deje endurecer y córtelas en trozos de 3 ½ cm de largo. Parta la cobertura de leche en trozos y derrita al baño maría. Pinche las barritas con un tenedor para bombones y sumérjalas en la cobertura. Colóquelas sobre una lata y espolvoree con las nueces.

Miladies
Delicias de Fruta

Ingredientes para aprox. 40 Miladies (arriba):

600 g de cobertura de leche entera

150 ml de crema de leche

150 g de miel de abejas

100 g de mantequilla

50 g de turrón de nuez

½ cdita. de esencia de almendras o de otra nuez

Parta la mitad de la cobertura en trozos y derrítala en la crema de leche y la miel de abejas, revolviendo constantemente; deje enfriar. Revuelva la mantequilla con el turrón y la esencia de nuez hasta que esté cremosa y con batidora, mezcle con la cobertura derretida. Coloque esta preparación en una manga pastelera y forme semiesferas de 2 cm de diámetro sobre papel para hornear. Déjelas secar.

Derrita la cobertura restante al baño maría. Una dos semiesferas, pínchelas con un tenedor para bombones y sumérjalas en la cobertura. Colóquelas sobre una rejilla metálica hasta que estén duras; decore al gusto.

Ingredientes para 20 Delicias de Fruta (abajo):

100 g de c/u: albaricoques y ciruelas deshidratados

150 g de bananos deshidratados

50 g de uvas pasas sultanas

3 cdas. de miel de abejas

100 g de mermelada de albaricoque

20 galletitas redondas

40 g de cacao en polvo

1 cda. de azúcar pulverizado

Licue las frutas con la miel de abejas hasta obtener una pasta. Caliente la mermelada de albaricoque y unte las galletas. Forme bolas con la masa de frutas y rebócelas en el cacao. Dispóngalas sobre las galletas. Mezcle el cacao restante con el azúcar pulverizado y espolvoree sobre las Delicias.

Bombones de Licor de Frambuesa
Rosetas de Brandy

Ingredientes para 25 Bombones de Licor de Frambuesa:

25 moldecitos de papel estaño

250 g de cobertura de leche entera

200 g de cobertura semiamarga

125 g de mantequilla

25 g de azúcar pulverizado

50 ml de licor de frambuesa

50 g de hojuelas de chocolate

Parta la cobertura de leche en trozos y derrítala al baño maría. Vierta la mitad en los moldecitos, sin llenarlos, y reserve caliente la restante. Derrita la cobertura semiamarga al baño maría. Bata la mantequilla con el azúcar hasta que esté cremosa y agregue el licor de frambuesa. Mezcle con la cobertura semiamarga derretida. Coloque esta preparación en una manga pastelera y rellene los moldecitos. Disponga la cobertura de leche restante y decore.

Ingredientes para aprox. 30 Rosetas de Brandy:

150 ml de crema de leche

1 yema de huevo

40 g de azúcar

15 g de azúcar avainillado

400 g de cobertura de leche entera

60 ml de brandy

70 g de avellanas tostadas y picadas

250 g de cobertura amarga

Caliente la crema de leche. Bata la yema con ambos azúcares hasta que esté espumosa, mezcle con la crema caliente y continúe la cocción. Parta la cobertura en trozos, disuélvala en el brandy y deje enfriar hasta que alcance los 30ºC (86ºF). Mezcle con las nueces. Coloque esta preparación en una manga pastelera con boquilla de estrella y forme rosetas sobre una lata; deje enfriar. Mientras tanto, derrita la cobertura amarga al baño maría y deje enfriar hasta que alcance los 30ºC (86ºF). Pinche las rosetas con un tenedor para bombones y sumérjalas en la cobertura amarga. Déjelas endurecer.

Torta Inglesa al Whisky

Para un molde de 26 cm de diámetro:

250 g de mantequilla a temperatura ambiente

125 g de fécula de maíz

150 g de harina de trigo

40 g de cacao en polvo

1 cda. de polvo para hornear

220 g de azúcar

4 huevos

125 g de ralladura de chocolate amargo

125 g de almendras molidas

Para el molde:

mantequilla, harina de trigo

Para impregnar la torta:

100 ml de whisky

40 g de azúcar pulverizado

1 cdita. de azúcar avainillado

1 cda. de café en polvo

Para cubrir la torta:

300 g de cobertura semiamarga

Para decorar:

16 mitades de nueces y de almendras

Bata la mantequilla hasta que esté cremosa. Cierna la fécula con la harina, cacao y polvo para hornear; mezcle alternando con el azúcar, huevos y mantequilla hasta obtener una masa suave. Por último mezcle con el chocolate rallado y las almendras. Precaliente el horno a 180°C (350°F). Engrase y enharine un molde, vierta la masa y hornee por 60 a 70 minutos. Retire del horno y desmolde con cuidado.

Para impregnar pinche varias veces la torta aún caliente, con un tenedor. Revuelva todos los ingredientes, impregne la torta y déjela así por 10 minutos.

Para cubrir, disuelva al baño maría la cobertura partida en trozos. Cubra con ésta la torta fría. Marque las tajadas con un cuchillo y decore cada una con mitades de nueces y almendras. Deje endurecer la cobertura.

Torta Royal

Para 1 molde de 25 x 36 cm, o 1 de 30 cm de diámetro:

5 huevos	
130 g de azúcar	
1 pizca de sal	
150 g de harina de trigo	
50 g de cacao en polvo	
70 g de mantequilla	
Para el molde:	
mantequilla, harina de trigo	
Para preparar el relleno:	
275 g de cobertura	
250 ml de crema de leche	
Para cubrir:	
300 g de cobertura	
14 trufas, blancas o de mantequilla	
(receta en la pág. 30)	

Bata los huevos con el azúcar y la sal en un recipiente al baño maría y luego enfríe de la misma manera, batiendo constantemente. Cierna la harina con el cacao y mezcle con cuidado con los huevos batidos. Por último, derrita la mantequilla y agréguela a la masa. Engrase y enharine un molde. Vierta la masa. Precaliente el horno a 200ºC (392ºF) y hornee por 35 minutos; deje enfriar.

Para preparar el relleno, disuelva la cobertura partida en trozos en la crema, deje enfriar y luego bata con batidora hasta que la masa duplique su volumen. Corte la torta horizontalmente en 2 capas iguales. Con la mitad del relleno unte la capa inferior y cubra con la otra. Unte el borde con la crema restante.

Para cubrir, derrita la cobertura partida en trozos al baño maría y vierta sobre la torta. Deje enfriar, corte en trozos y decore cada uno con 1 trufa blanca.

Bizcocho Paraíso

Para un molde de 25 x 36 cm, aprox. 35 trozos:

Para preparar la masa:

6 huevos

200 g de azúcar

150 g de harina de trigo

80 g de cacao en polvo

80 g de mantequilla

Para 400 g de crema de mantequilla y chocolate:

2 huevos

100 g de azúcar

175 g de mantequilla a temperatura ambiente

½ vaina de vainilla

50 g de cobertura semiamarga

Para 400 g de crema de mantequilla y vainilla:

3 huevos

100 g de azúcar

150 g de mantequilla

1 vaina de vainilla o

1 frasquito de esencia de vainilla

150 g de mermelada de albaricoque

Para cubrir:

600 g de cobertura amarga

100 g de crema de coco

Para preparar la masa, bata los huevos con el azúcar al baño maría, hasta que estén cremosos; enfríelos de la misma manera, batiendo constantemente. Cierna la harina con el cacao en polvo y mezcle con cuidado; añada los huevos batidos. Derrita la mantequilla y agréguela con cuidado a la masa. Vierta en un molde, precaliente el horno a 180ºC (350ºF) y hornee por 35 minutos. Desmolde y deje enfriar.

Para preparar la crema de mantequilla y chocolate, bata los huevos con el azúcar al baño maría y luego enfríe de la misma manera. Bata la mantequilla hasta que esté cremosa y mézclela vigorosamente con los huevos. Corte la vaina de vainilla a lo largo, raspe la pulpa y mézclela con la crema. Derrita la cobertura partida en trozos al baño maría y bátala con la crema.

Elabore la crema de mantequilla y vainilla siguiendo las indicaciones para preparar la crema de mantequilla y chocolate.

Para el relleno, reserve 1 taza de ambas cremas para decorar. Corte la torta horizontalmente en 3 capas iguales, unte la inferior con mermelada de albaricoque y crema de vainilla, cubra con la capa del medio y úntela con mermelada de albaricoque y crema de chocolate. Cubra con la capa superior.

Derrita la cobertura amarga partida en trozos al baño maría. Aparte, derrita la crema de coco, mézclela con la cobertura y utilícela para cubrir la torta. Deje enfriar y corte en rombos. Con una manga pastelera, decore cada trozo con ambas cremas.

Torta de Almendra y Chocolate

Para 1 molde de 26 cm de diámetro:

Para preparar la masa:

150 g de almendras molidas

50 g de miga de torta o bizcocho

2 cdas. de cacao en polvo

40 g de fécula de maíz

12 claras de huevo

300 g de azúcar pulverizado

1 cda. de azúcar avainillado

Para el molde:

mantequilla, harina de trigo

Para preparar el relleno:

50 ml de crema de leche

80 g de mantequilla

40 g de azúcar pulverizado

1 cda. de azúcar avainillado

65 g de chocolate amargo

5 yemas de huevo

Para cubrir:

100 g de mermelada de albaricoque

300 g de cobertura blanca

100 g de cobertura semiamarga de chocolate

Para preparar la masa mezcle las almendras molidas con la miga, cacao y fécula. Bata las claras y rocíelas lentamente con ambos azúcares. Mezcle con los ingredientes restantes. Engrase y enharine un molde; vierta la masa. Precaliente el horno a 200ºC (392ºF) y hornee la torta por 35 minutos. Desmolde sobre una rejilla y deje enfriar.

Para preparar el relleno, caliente la crema con la mantequilla y ambos azúcares; derrita el chocolate partido en trozos y mezcle con las yemas. Deje enfriar y luego bata con batidora. Corte la torta horizontalmente en 3 capas iguales. Unte cada una con la crema y colóquelas encimadas.

Para cubrir, caliente la mermelada de albaricoque y unte la superficie de la torta. Derrita la cobertura blanca al baño maría. Cuando la mermelada esté seca, vierta encima la cobertura blanca. Caliente la cobertura semiamarga al baño maría y rellene una manga pastelera. Mientras la cobertura blanca aún está blanda, decore encima formando círculos finos. Con un palillo, pinte líneas hacia afuera (véase foto). Deje secar la cobertura.

Torta Sacher

Para 1 molde de 26 cm de diámetro:

Para preparar la masa:

150 g de mantequilla a temperatura ambiente

160 g de azúcar

160 g de chocolate amargo

8 huevos separados

30 g de azúcar pulverizado tamizado

150 g de harina de trigo

1 cdita. de polvo para hornear

Para el molde:

mantequilla

Para preparar el relleno:

1 frasco de mermelada de naranja

4 cl de licor de naranja

Para cubrir:

1 frasco de glaseado de chocolate

Para decorar: hojitas de mazapán, (compradas listas o hechas en casa)

virutas de chocolate

Para preparar la masa, bata la mantequilla con el azúcar hasta que esté cremosa. Ralle el chocolate y revuélvalo con las yemas y la mezcla de mantequilla. Bata las claras, rocíelas con el azúcar pulverizado y agréguelas a la masa de huevo. Cierna encima la harina con el polvo para hornear y mezcle con cuidado.

Vierta la masa en un molde engrasado. Precaliente el horno a 180ºC (350ºF) y hornee por 25 a 30 minutos. Cuando la torta esté fría, córtela horizontalmente en 2 capas.

Para el relleno, aromatice la mermelada con el licor y unte la capa inferior. Cubra con la otra y unte la superficie con la mermelada restante.

Derrita el glaseado de chocolate al baño maría y cubra la torta. Marque cada trozo con un cuchillo y decore cada uno con 1 hojita de mazapán. Decore el borde de la torta con virutas de chocolate.

Torta de la Selva Negra

Para 1 molde de 26 cm de diámetro:

Para preparar la masa:

4 huevos separados

4 cdas. de agua tibia

175 g de azúcar granulado

azúcar avainillado al gusto

100 g de fécula de trigo

100 de harina de papa

3 cditas. de polvo para hornear

3 cdas. de cacao en polvo

Para preparar el relleno:

1 frasco de cerezas deshuesadas

(aprox. 400 g)

o 500 g de cerezas deshuesadas cocidas

1 astilla de canela

1 pizca de clavos de olor en polvo

2 sobres de gelatina sin sabor

1 litro de crema de leche

2 paquetitos de espesante para crema de leche

3 - 4 cdas. de Kirsch

azúcar avainillado al gusto

chocolate en bloque

Para preparar la masa, bata las yemas con el agua hasta que estén cremosas. Agregue 2/3 del azúcar granulado y el avainillado; siga revolviendo hasta obtener una crema. Bata las 4 claras a punto de nieve incorporando gradualmente el azúcar granulado restante. Añada el batido de claras a las yemas. Mezcle ambas harinas con el polvo para hornear y el cacao en polvo y agregue a la mezcla de huevo. Cubra un molde con papel encerado y vierta la masa. Precaliente el horno a 180ºC (350ºF) y hornee por 20 a 30 minutos. Retire del horno y desmolde con cuidado; deje enfriar.

Utilizando un hilo, corte horizontalmente en 3 tajadas gruesas iguales.

Para el relleno, caliente el jugo de las cerezas con los clavos y la canela; espese el líquido con la gelatina siguiendo las indicaciones del empaque. Rocíe la capa inferior con el *Kirsch* y úntela con la mitad de la crema de cereza. Distribuya encima una capa gruesa de cerezas. Bata la crema y afírmela con el espesante. Unte aproximadamente un cuarto de la crema batida sobre las cerezas y cubra con la segunda capa de torta. Rocíe con el *Kirsch*, unte con crema de cereza, distribuya encima una capa gruesa de cerezas y unte con otro cuarto de crema de leche. Cubra con la capa superior de torta, rocíe con el *Kirsch* restante y unte toda la torta con crema de leche. Coloque en una manga pastelera la crema de leche que queda y decore la torta. Marque cada trozo con una cereza. Por último, raspe encima el bloque de chocolate.

Strudel de Chocolate con Salsa de Vainilla

Para preparar la masa:

300 g de harina de trigo

2 cdas. de cacao en polvo

1 pizca de sal

1 yema de huevo

100 - 120 ml (aprox.) de agua

2 cdas. de aceite de oliva

Para preparar el relleno:

4 manzanas ácidas grandes

65 g de mantequilla a temperatura ambiente

azúcar avainillado al gusto

3 huevos separados

120 g de azúcar

65 g de uvas pasas sultanas

1 cdita. de canela

75 g de chocolate rallado

100 g de avellanas molidas

Para untar: leche

Para espolvorear: azúcar pulverizado

Para la salsa de vainilla:

½ litro de leche

1 cda. de azúcar

1 vaina de vainilla

½ cda. de fécula de maíz

2 yemas de huevo

cáscara rallada de ¼ limón

Para decorar: cascos finos de manzana

Cierna la harina con el cacao y la sal. Haga un hueco en el centro de la harina, agregue los ingredientes restantes y amase. Deje reposar, cubierta, por 1 hora. Espolvoree una tela con harina y encima estire la masa con rodillo hasta que esté fina.

Para el relleno, pele, retire el corazón y corte las manzanas en finas rodajas. Bata la mantequilla con el azúcar avainillado hasta que esté cremosa; revuelva con las yemas. Bata las claras a punto de nieve, incorporando gradualmente el azúcar. Revuelva las manzanas, uvas pasas, canela, chocolate y avellanas con la mezcla de mantequilla. Incorpore las claras batidas, con movimientos envolventes. Esparza el relleno sobre el *strudel*. Enrolle y pincele la superficie con la leche. Coloque el *strudel* sobre una lata engrasada. Precaliente el horno a 200ºC (392ºF) y hornee por 40 minutos. Deje enfriar y espolvoree con azúcar pulverizado.

Para la salsa de vainilla, hierva aproximadamente ¾ de la leche con el azúcar y la pulpa raspada de la vaina de vainilla. Disuelva la fécula con la leche restante y agregue a la leche caliente. Cocine sin dejar de revolver, hasta que espese. Mezcle con las 2 yemas y aromatice la salsa con la cáscara rallada de limón.

Vierta aproximadamente 80 ml de salsa de vainilla en un plato, coloque encima una tajada de *strudel* de chocolate y decore con cascos de manzana.

Fantasía de Chocolate

Para una torta de 26 cm de diámetro:

Para preparar la masa,:

5 huevos, 250 g de azúcar

75 g de harina de trigo

75 g de fécula de maíz, 2 cdas. de cacao, sal

Para el molde:

mantequilla

Para la crema de caramelo :

250 g de azúcar, 300 ml de leche

3 sobres de gelatina sin sabor

2 yemas de huevo

350 g de crema de leche

75 g de azúcar, 100 ml de Cognac

Para la crema de chocolate:

2 sobres de gelatina sin sabor

4 huevos separados

2 cdas. de azúcar, 300 g de chocolate amargo

200 ml de crema de leche

Para decorar:

300 g de cobertura semiamarga

azúcar pulverizado

Para preparar la masa, separe los huevos y bata las yemas con el azúcar hasta que estén cremosas. Cierna la harina con la fécula y el cacao; revuelva con las yemas. Bata las claras a punto de nieve con 1 pizca de sal y añádalas a la preparación anterior, con movimientos envolventes. Engrase sólo el fondo de un molde; vierta la masa. Precaliente el horno a 175ºC (347ºF) y hornee la torta por 30 minutos.

Para preparar la crema de caramelo, derrita 230 g de azúcar, revolviendo constantemente hasta que se dore. Retire del fuego y vierta la leche con cuidado. Caliente de n vo, revol-

viendo hasta que el azúcar se disuelva; ¡tenga cuidado porque salpica! Disuelva la gelatina en agua caliente. Bata las yemas con el azúcar restante y mezcle con la leche de caramelo caliente. Sin dejar de volver, caliente hasta que se forme una salsa ligera y luego agregue la gelatina a la leche de caramelo caliente; re frigere. Cuando comience a cuajar, mezcle con la crema de leche y vuelva a refrigerar. Hier va el azúcar 100 ml de agua hasta que se disuelva, deje enfriar y vierta el *Cognac*. Cor te el bizcocho en 2 capas horizontales. Rocíe la capa inferior con la mitad de la mezcla, espar za encima la crema de caramelo, cubra con la capa restante de la torta y refrigere.

Para preparar la crema de chocolate, disuelva la gelatina en agua caliente. Bata las yemas con el azúcar hasta que estén cremosas. Ralle el chocolate y derrítalo al baño maría. Bata la crema de leche y aparte las claras a punto de nieve. Mezcle la gelatina con las yemas y lue go con el chocolate, la crema de leche batida y las claras. Rocíe la superficie de la torta con la mezcla restante y úntela con la crema de chocolate. Refrigere mínimo por 4 horas o durante toda la noche.

Para decorar, derrita la cobertura partida en trozos al baño maría. Con una espátula o cuchi llo, esparza la cobertura líquida sobre un papel encerado y refrigere hasta que se endurezca. Parta la lámina de chocolate en trocitos y decore la torta. Espolvoree con azúcar pulverizado.

Rollo Festivo
Pastel Claroscuro

Ingredientes para el Rollo Festivo:

100 g de chocolate en bloque

125 g de mantequilla a temperatura ambiente

150 g de azúcar

4 huevos separados

150 g de almendras peladas y molidas

1 cdita. de polvo para hornear

50 g de fécula de maíz

Para el molde: mantequilla y miga de pan

Para cubrir:

200 g de cobertura amarga

1 cda. de pistachos picados

Triture el chocolate en un mortero o molino para almendras. Bata la mantequilla con el azúcar y luego con las yemas, agregando una a la vez. Mezcle con las almendras, chocolate, polvo para hornear y fécula. Aparte, bata las claras a punto de nieve y agréguelas a la preparación con movimientos envolventes. Vierta la masa en un molde de 28 cm, engrasado y espolvoreado con miga de pan. Hornee por 50 minutos a 175ºC (347ºF). Deje enfriar. Derrita la cobertura partida en trozos al baño maría y cubra la torta. Salpíquela con los pistachos y deje secar.

Ingredientes para el Pastel Claroscuro:

Para un molde alto, acanalado, con hueco central, de 24 cm de diámetro:

250 g de mantequilla a temperatura ambiente

1 pizca de sal

250 g de azúcar

azúcar avainillado al gusto

4 huevos

500 g de harina de trigo

1 sobre de polvo para hornear

Para el molde: mantequilla

2 cdas. de cacao

Para espolvorear:

1 cda. de azúcar pulverizado

Bata la mantequilla con sal y ambos azúcares. Agregue los huevos, uno a la vez. Cierna la harina con el polvo para hornear y mezcle con la preparación anterior. Agregue 3 cucharadas de agua y mezcle. Vierta $2/3$ de la masa en el molde engrasado. Mezcle la masa restante con el cacao tamizado y 1 cucharada de agua y espárzala sobre la masa clara. Introduzca un tenedor entre ambas capas de masa, realizando un movimiento suave en espiral, para producir el efecto de jaspeado. Hornee por 1 hora 10 minutos a 175ºC (347ºF). Desmolde la torta y deje enfriar sobre una rejilla metálica. Espolvoree con azúcar pulverizado.

Torta Stephanie

Para un molde de 26 cm de diámetro:

Para preparar la masa:

100 g de almendras molidas

125 g de miga de bizcocho o torta

1 cdita. rasa de polvo para hornear

1 pizca de sal

50 ml de leche

7 claras de huevo

225 g de azúcar

200 g de chocolate en bloque

175 g de mantequilla a temperatura ambiente

1 cda. de azúcar avainillado

6 yemas de huevo

Para el molde:

mantequilla, harina de trigo

Para cubrir:

100 g de mermelada de albaricoque

250 g de azúcar pulverizado

40 ml de ron

20 ml de agua o 1 clara de huevo

40 g de cacao en polvo

Para preparar la masa, mezcle las almendras con la miga de bizcocho, polvo para hornear, sal y leche. Reserve.

Bata las claras a punto de nieve agregando un poco de azúcar. Derrita el chocolate partido en trozos al baño maría. Aparte, bata la mantequilla con el azúcar restante y el azúcar avainillado, hasta que esté cremosa. Mezclando lentamente, incorpore las yemas, el chocolate derretido y la mezcla reservada de almendras y bizcocho. Por último, con movimientos envolventes, añada las claras batidas. Vierta la masa en el molde engrasado y enharinado. Precaliente el horno a 180ºC (356ºF) y hornee por 30 minutos. Desmolde sobre una rejilla y deje enfriar.

Para cubrir: unte la torta con la mermelada de albaricoque caliente y deje secar. Prepare un glaseado con azúcar pulverizado, ron y agua o clara de huevo. Coloque esta preparación en una manga pastelera pequeña y mezcle el glaseado sobrante con el cacao en polvo. Si está muy espeso agregue un poco de agua. Utilice este glaseado oscuro tibio para cubrir. Decore con la manga pastelera trazando círcu-los sobre la torta. Con un palillo marque líneas desde el centro hasta los bordes. (véase foto pág. 38).

Corazones Rellenos
Merengues al Estilo Antiguo

Ingredientes para aprox. 20 Corazones

Rellenos:

300 g de masa de hojaldre congelada

125 g de azúcar, para espolvorear

20 g de chocolate en polvo, tamizado

Para cubrir:

125 g de glaseado de chocolate

Para el relleno:

200 ml de crema de leche

$\frac{1}{2}$ cdita. de espesante para crema de leche

50 g de azúcar avainillado

30 g de chocolate en polvo

Ingredientes para 20 - 25 Merengues:

120 g de chocolate en bloque

6 claras de huevo

250 g de avellanas molidas gruesas

250 g de azúcar

1 cda. de azúcar avainillado

$\frac{1}{4}$ cdita. de canela en polvo

Descongele la masa de hojaldre. Salpique la mesa de trabajo con el azúcar, estire la masa con rodillo formando un rectángulo de 20 x 25 cm y espolvoree la superficie con el chocolate en polvo. Enrolle desde cada lado corto hacia el centro, presionando un poco para juntar ambos rollos en el medio.
Precaliente el horno a 200ºC (392ºF). Refrigere el rollo de hojaldre por 15 minutos y luego corte tajadas de 1 cm de grosor. Colóquelas sobre una lata con un espacio libre de 3 cm entre cada una. Hornee por 30 minutos hasta que se doren.
Para cubrir, derrita el glaseado de chocolate al baño maría. Sumerja los corazones hasta la mitad y deje secar.
Para el relleno, antes de servir bata la crema de leche con el espesante, azúcar avainillado y chocolate en polvo cernido y coloque en una manga pastelera. Cubra 10 corazones y únalos con los restantes, como si fuera un emparedado.

Derrita el chocolate partido en trozos al baño maría. Bata las claras a punto de nieve y mézclelas con las avellanas, ambos azúcares y canela, con movimientos envolventes, y por último con el chocolate derretido; deje enfriar.
Precaliente el horno a 125ºC (257ºF). Cubra una lata con papel encerado y disponga encima montoncitos de masa retirados con una cuchara. Hornee por 1 hora hasta que estén secos.

Waffles de Chocolate

100 g de nueces molidas

125 g de chocolate en bloque

150 g de mantequilla

125 g de azúcar

4 huevos

350 g de harina de trigo

40 g de polvo para hornear

250 ml de leche

125 ml de crema de leche

En una sartén tueste las nueces sin grasa. Derrita el chocolate partido en trozos al baño maría y revuelva con la mantequilla, azúcar y huevos. Cierna la harina con el polvo para hornear y mezcle con las nueces, leche, crema de leche y mezcla de chocolate. Deje reposar por 1 hora y luego haga los *waffles* con porciones de masa.

Sirva con cerezas u otras frutas, helado y crema de leche.

Besos de Negro con Bizcocho

Ingredientes para aprox. 14 unidades:

4 huevos separados
150 g de azúcar
80 g de harina de trigo
50 g de fécula de maíz
½ cdita. de polvo para hornear
2 cdas. de mermelada de naranja
250 ml de crema de leche
1 vaina de vainilla
1 paquetito de espesante para crema de leche
200 g de cobertura amarga

Corte papel aluminio en 14 cuadrados de 15 cm de lado y forme los moldecitos sobre un vaso; colóquelos sobre una lata. Bata las claras, espolvoréelas con 125 g de azúcar y, sin dejar de batir, mézclelas con las yemas. Cierna la harina con la fécula y el polvo para hornear y mezcle con la preparación anterior. Distribuya la masa de bizcocho en los moldecitos de papel aluminio. Hornee por 20 minutos a 200ºC (380ºF). Deje enfriar, retire el papel aluminio y corte los bizcochos horizontalmente en mitades. Unte las superficies con mermelada de naranja batida. Bata la crema de leche con la pulpa de vainilla raspada, el azúcar restante y el espesante para afirmar.

Rellene los bizcochos con la crema y una las mitades. Derrita la cobertura partida en trozos al baño maría y sumerja los besos de negro; deje secar.

Los besos de negro también se pueden rellenar con budín de vainilla en remplazo de la crema de leche.

Monedas de Chocolate
Suspiros

Ingredientes para las Monedas de Chocolate:

60 g de c/u: mantequilla y cacao en polvo

60 g de c/u: almendras y avellanas,
molidas gruesas

1 huevo

150 g de azúcar pulverizado

Para espolvorear: cacao en polvo o azúcar

Derrita la mantequilla y mezcle con el cacao, almendras y avellanas; deje hervir. Enfríe y mezcle con el huevo y el azúcar pulverizado. Deje enfriar y dé forma de rollo. Reboce el rollo en cacao en polvo o azúcar y córtelo en rodajas de 1 cm de grosor.

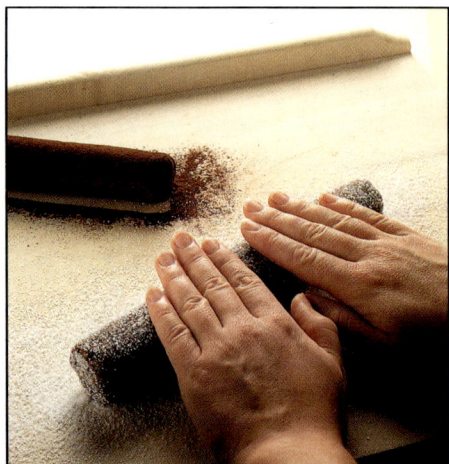

Ingredientes para aprox. 25 Suspiros:

150 g de cobertura de chocolate

5 claras de huevo

175 g de azúcar pulverizado

1 cdita. de jugo de limón

Derrita la cobertura partida en trozos al baño maría. Bata las claras a punto de nieve, espolvoreándolas lentamente con el azúcar; agregue el jugo de limón. Cubra una lata con papel encerado. Con cuidado, mezcle la cobertura con las claras. Retire cucharadas de masa y dispóngalas sobre la lata. Hornee a 120ºC (248ºF) por 1 ½ horas, hasta que se sequen.

Profiteroles

Ingredientes para aprox. 25 unidades:

Para preparar la pasta choux:

100 ml de agua

30 g de mantequilla

65 g de harina de trigo

2 huevos

1 pizca de polvo para hornear

1 pizca de sal

Para el relleno:

200 g de crema de mantequilla (½ receta de la pág. 42)

o 250 ml de crema de leche

Para cubrir:

150 g de cobertura oscura

Para preparar la pasta, hierva el agua con la mantequilla hasta disolver, y revuelva con la harina agregada de una sola vez. Cocine a fuego medio, sin dejar de revolver hasta que la pasta se despegue del recipiente. Tueste la bola de pasta por todos lados durante 2 minutos. Retire del fuego y deje enfriar. Revuelva la pasta con los huevos, uno a la vez, y agregue el polvo para hornear y la sal. Cubra una lata con papel para hornear. Coloque la masa en una manga pastelera con boquilla de estrella y forme rosetas del tamaño de una nuez sobre la lata. Precaliente el horno a 190ºC (374ºF) y hornee por 25 minutos; deje enfriar. Para el relleno, haga un hueco en la base de las rosetas y rellénelas con crema de mantequilla o crema de leche, utilizando una manga pastelera (véase foto).

Para cubrir, derrita al baño maría la cobertura partida en trozos y sumerja las puntas de las rosetas.

Garritas de Oso
Lenguas de Gato

Ingredientes para aprox. 25 - 30 Garritas:

3 claras de huevo

135 g de azúcar

250 g de almendras molidas

25 g de chocolate en polvo

½ cdita. de canela en polvo

1 pizca de cardamomo

100 g de azúcar pulverizado

azúcar avainillado al gusto

100 g de azúcar cristalizado

Para cubrir:

250 g de cobertura de leche entera

Bata las claras a punto de nieve, espolvoreándolas lentamente con el azúcar. Mezcle las almendras con el chocolate en polvo, canela y cardamomo y revuelva con ambos azúcares y las claras. Con una cuchara retire porciones de masa, forme bolas y espolvoreélas en el azúcar cristalizado. Moldee las bolas en forma de garritas. Cubra una lata con papel encerado, disponga encima las garritas y déjelas secar durante la noche. Precaliente el horno a 180ºC (356ºF) y hornee por 20 minutos. Deje enfriar.

Derrita la cobertura partida en trozos al baño maría y sumerja una parte de las garritas; deje secar.

Ingredientes para aprox. 12 Lenguas de Gato:

Para preparar la masa:

225 g de mantequilla a temperatura ambiente

100 g de azúcar

3 huevos

25 g de fécula de maíz

25 g de cacao en polvo

1 cdita. de canela en polvo

250 g de harina de trigo tamizada

Para el relleno:

200 ml de crema de leche

150 g de chocolate de leche rallado

2 cl (3 cditas.) de ron

Para cubrir:

200 g de cobertura amarga

Para preparar la masa, bata la mantequilla con el azúcar y los huevos hasta que esté cremosa. Mezcle cuidadosamente con los ingredientes restantes tamizados. Coloque la masa en una manga pastelera y sobre una lata engrasada forme lenguas de 9 cm de largo. Precaliente el horno a 200ºC (392ºF) y hornee las lenguas por 10 a 15 minutos.

Para preparar el relleno, caliente la crema de leche con el chocolate, revolviendo hasta que se derrita. Vierta el ron, deje enfriar y bata con batidora hasta que esté espumoso. Unte el relleno sobre las lenguas frías y únalas de a dos.

Derrita la cobertura partida en trozos al baño maría y sumerja o unte las lenguas hasta la mitad; deje secar.

Repollitas de Chocolate
Pequeños Éclairs

Ingredientes para aprox. 20 Repollitas de Chocolate:

250 ml de leche, 60 g de mantequilla

150 g de harina de trigo

20 g de cacao en polvo

$\frac{1}{2}$ cda. de azúcar avainillado

1 pizca de canela en polvo

4 huevos, 1 pizca de polvo para hornear

Para el relleno:

750 ml de crema de leche

60 g de azúcar avainillado

$\frac{1}{2}$ cdita. de espesante para crema de leche

Para espolvorear:

30 g de azúcar pulverizado

20 g de cacao en polvo

Hierva la leche con la mantequilla. Mezcle la harina de trigo con el cacao, azúcar avainillado, canela y leche, revolviendo constantemente. Cocine la pasta hasta que forme una bola y se desprenda del recipiente. Deje enfriar y revuelva con los huevos, uno a la vez, y el polvo para hornear, hasta obtener una pasta suave. Coloque en una manga pastelera con boquilla de estrella. Cubra una lata con papel encerado y forme bolitas de pasta. Precaliente el horno a 180ºC (356ºF) y hornee por 20 minutos.

Para el relleno, bata la crema de leche con el azúcar avainillado y el espesante.

Mezcle el azúcar pulverizado con el chocolate en polvo.

Corte las repollitas y rellénelas con la crema de leche, únalas y espolvoree con el azúcar al chocolate.

Ingredientes para aprox. 30 Pequeños Éclairs

250 ml de leche entera, 250 ml de agua

125 g de mantequilla, 300 g de harina de trigo

8 huevos, 1 cdita. rasa de polvo para hornear

sal

Para la crema al chocolate:

125 ml de leche, 25 g de azúcar

10 g de budín en polvo, 25 g de cobertura de chocolate

$\frac{1}{2}$ cda. de café en polvo

Hierva la leche con el agua y la mantequilla. Agregue la harina de trigo de una sola vez y cocine la pasta hasta que se desprenda del recipiente. Deje enfriar y mezcle con los huevos, uno a la vez, alternando con el polvo para hornear y la sal. Emplee los huevos necesarios para obtener una pasta suave. Precaliente el horno a 180ºC (356ºF). Cubra una lata con papel encerado. Rellene una manga pastelera con la pasta y forme encima pequeños *éclairs*; hornee por 25 minutos.

Para preparar la crema de chocolate, hierva la leche, revuelva con el azúcar, el budín y un poco de leche fría. Derrita la cobertura partida en trozos al baño maría. Reserve caliente $\frac{1}{3}$ de la cobertura, para decorar. Revuelva el budín en polvo, la leche hirviendo y el azúcar, agregue la cobertura y el café. Deje enfriar.

Corte los *éclairs,* rellénelos con la crema al chocolate y una las mitades. Rellene un cono de papel con la cobertura restante y decore la superficie con líneas transversales.

Antojos Semiamargos
Galletas Arrugadas

Ingredientes para aprox. 30 Antojos Semiamargos:

Para preparar la masa quebradiza:

450 g de harina de trigo, 1 huevo

150 g de azúcar, 300 g de mantequilla

50 g de mazapán

½ cdita. de cáscara rallada de limón

1 pizca de sal, 1 vaina de vainilla

Para el relleno:

250 g de cobertura de leche

125 ml de crema de leche, 25 ml de Kirsch

Para cubrir:

200 g de cobertura oscura

Para preparar la masa quebradiza, cierna la harina de trigo sobre una mesa de trabajo, haga un hueco en el centro y coloque allí el huevo. Espolvoree con el azúcar y disponga trocitos de mantequilla. Amase con el mazapán, limón, sal y pulpa de vainilla raspada. Deje reposar la masa, estírela con rodillo sobre una superficie enharinada y corte círculos dentados; dispóngalos sobre una lata. Precaliente el horno a 180ºC (350ºF) y hornee por 20 minutos.

Para preparar el relleno, caliente la crema, revuelva con la cobertura partida en trozos y cocine hasta que se derrita. Deje enfriar, vierta el *Kirsch* y revuelva. Unte la mitad de los círculos con la crema, únalos con la mitad restante y déjelos endurecer.

Para cubrir, derrita la cobertura partida en trozos al baño maría y sumerja las galletas hasta la mitad.

Ingredientes para aprox. 20 Galletas Arrugadas:

180 g de requesón

1 huevo

250 g de azúcar

50 g de azúcar avainillado

180 g de chocolate rallado

180 g de harina de trigo

25 g de chocolate en polvo

1 pizca de sal

½ cdita. de polvo para hornear

125 ml de leche descremada

50 ml de aceite de oliva

Para espolvorear:

50 g de avellanas picadas

25 g de azúcar

Revuelva el requesón con el huevo y luego con ambos azúcares y el chocolate. Cierna la harina de trigo con el chocolate, sal y polvo para hornear; mezcle con la leche y el aceite. Reserve ⅕ de la masa de requesón y amase la restante con la harina. Forme bolitas y rellene moldecitos de 6 cm de diámetro.

Mezcle las avellanas con el azúcar. Vierta el requesón reservado sobre las torticas y espolvoréelas con el azúcar de avellana. Precaliente el horno a 180ºC (356ºF) y hornee las galletas por 35 minutos.

Sugerencia para servir:

Coloque una galleta en un plato, decore con 20 ml de crema de leche batida y rocíe con 40 ml de salsa de cereza.

Monederos con Albaricoque

Ingredientes para 15 unidades:

Para preparar la masa de strudel:	
250 g de harina de trigo	
1 pizca de sal	
30 ml de aceite de oliva	
1 yema de huevo	
100 - 125 ml de agua tibia	
Para el relleno:	
100 g de mazapán	
30 ml de Kirsch	
25 g de cacao en polvo	
15 mitades de albaricoques enlatados	
50 g de mantequilla	
2 yemas de huevo	
3 cdas. de agua	
50 g de hojuelas de avellana	
30 g de cacao	
40 g de azúcar pulverizado	

Para preparar la masa de *strudel* tamice la harina de trigo en un recipiente, agregue sal y haga un hueco en el centro. Disponga allí el aceite y la yema. Amase rociando lentamente con el agua, hasta que esté flexible y se desprenda de los bordes del recipiente.

Enharine una mesa de trabajo y amase golpeando la masa varias veces contra la mesa, hasta que esté suave y elástica. Forme una bola, envuélvala con papel de vinilo para que no se seque y deje reposar, mínimo por ½ hora.

Para preparar el relleno, amase el mazapán con el *Kirsch* y el cacao. Escurra los albaricoques y rellene la cavidad con el mazapán.

Derrita la mantequilla. Bata las yemas con el agua. Estire la masa con rodillo hasta que esté delgada y corte en cuadrados. Unte los bordes con el agua de yema. Disponga los albaricoques rellenos en el centro y doble la masa formando una bolsa en forma de monedero. Pincele con mantequilla derretida y espolvoree con hojuelas de avellana. Precaliente el horno a 180ºC (356ºF). Coloque las bolsitas sobre una lata y hornee por 20 minutos. Retire del horno y espolvoréelas con azúcar pulverizado y cacao en polvo, tamizados.

Rizos
Morena Clara

Ingredientes para 20 Rizos:

250 g de cobertura de leche entera

125 g de requesón

40 ml de Cointreau

125 g de mermelada de piña

1 cda. de azúcar avainillado

30 ml de agua

20 tartaletas de masa quebradiza

100 g de maní tostado

Derrita la cobertura partida en trozos al baño maría. Pase el requesón por un colador y revuelva con el *Cointreau* y la cobertura. Hierva la mermelada de piña con el azúcar avainillado y agua; unte las tartaletas. Bata la masa de cobertura con batidora, hasta que esté cremosa. Rellene una manga pastelera con la masa de cobertura y forme una roseta o rizo sobre cada tartaleta. Decore con maní tostado.

Ingredientes para aprox. 15 Morenas:

15 moldecitos de 6 cm de diámetro, con distintas formas

mantequilla y harina de trigo para los moldecitos

6 huevos

180 g de azúcar

30 g de mantequilla

200 g de harina de trigo

20 g de avellanas ralladas

30 g de cacao en polvo

20 g de azúcar avainillado

300 g de cobertura oscura

15 avellanas enteras

Engrase y enharine los moldecitos. Bata los huevos con el azúcar al baño maría caliente y luego enfríe. Derrita la mantequilla. Mezcle la harina con las avellanas, cacao, azúcar avainillado y los huevos. Con cuidado, agregue la mantequilla derretida. Coloque la masa en una manga pastelera con boquilla hueca y rellene los moldecitos. Precaliente el horno a 180ºC (350ºF) y hornee los bizcochos por 30 minutos. Desmolde y deje enfriar. Mientras tanto derrita la cobertura partida en trozos al baño maría, cubra los bizcochos y decore con una avellana entera.

Monte Veteado

Para 6 personas:

100 g de avellanas

150 g de chocolate semiamargo

50 g de harina de trigo

1 cdita. de café instantáneo

6 huevos separados

80 g de mantequilla a temperatura ambiente

40 g de azúcar

1 cdita. de vainilla molida

1 cdita. de especias para torta

1 pizca de sal

cáscara rallada de ¼ de naranja

Para el molde:

mantequilla y miga de pan

Muela finamente las nueces, ralle el chocolate y mezcle con la harina y el café; reserve.

Separe los huevos. Bata las yemas con la mantequilla, azúcar, vainilla, especias, sal y ralladura de naranja, hasta que estén cremosas. Bata las claras a punto de nieve y mezcle con las yemas con movimientos envolventes. Espolvoree con la mezcla de nueces reservada y mezcle.

Unte un molde con tapa para budín de 1 ½ litros con abundante mantequilla y miga. Vierta la masa, tape y cocine al baño maría con suficiente agua. Tape el recipiente para baño maría y deje cocinar por ½ hora (el agua debe hervir suavemente). Deje reposar el budín en el molde por 10 minutos. Pase un cuchillo por el borde. Moje una toalla de cocina con agua fría y exprímala. Coloque la toalla sobre el molde por unos segundos para que el budín se desprenda fácilmente. Desmolde sobre un plato, corte en tajadas y sirva. Este budín sabe bien con salsa de vainilla (påg. 4) o crema batida y compota de ciruelas, cerezas o arándanos.

Soufflé de Chocolate
Espuma Princesa

Ingredientes para el Soufflé de Chocolate:

200 g de chocolate amargo

8 huevos separados

125 g de azúcar

50 g de harina de trigo

mantequilla, para el molde

azúcar pulverizado

Derrita el chocolate partido en trozos al baño maría. Bata las yemas con el azúcar y el chocolate derretido. Bata las claras a punto de nieve y mezcle con la harina y la masa de chocolate, con movimientos envolventes. Engrase un molde para *soufflé* o 4 moldecitos con la mantequilla. Hornee a 180ºC (350ºF) por 25 minutos. Espolvoree con azúcar pulverizado y sirva caliente. Acompañe con salsa de vainilla, fresa, o sabayón.

Ingredientes para la Espuma Princesa:

1 cda. de naranja cristalizada

40 ml de Cointreau

250 g de cobertura semiamarga

50 g de mantequilla

8 huevos separados

4 cdas. de azúcar avainillado

Pique finamente la naranja y macérela en el *Cointreau*. Derrita el chocolate partido en trozos al baño maría, agregue la mantequilla y mezcle. Revuelva con las yemas, naranja al *Cointreau* y el chocolate. Bata las claras a punto de nieve, espolvoree con el azúcar avainillado y mézclelas con la masa. Vierta en vasos y refrigere, mínimo por 1 hora.
Esta Espuma Princesa también se puede servir como postre. Para 1 porción se necesitan:
8 cdas. de Espuma Princesa
1 cda. de bizcocho
10 ml de brandy
1 galleta de especias redonda
1 cda. de crema de leche batida
10 ml de licor de chocolate
Disponga 4 cucharadas de Espuma en una copa. Parta el bizcocho en trozos y colóquelos encima. Rocíe con el brandy, llene con la espuma restante y la galleta. Decore con crema de leche batida y rocíe con el licor de chocolate.

Dúo de Mousses

Ingredientes para la Mousse de Chocolate:

80 ml de agua

3 cdas. de café instantáneo

300 g de chocolate semiamargo

2 huevos separados

3 sobres de gelatina

2 cdas. de ron

1 cda. de licor de huevo

azúcar avainillado al gusto

175 ml de crema de leche

40 g de azúcar

Para decorar:

salsa preparada con frutas licuadas

Hierva el agua y disuelva el café. Derrita el chocolate partido en trozos al baño maría y revuelva con el café. Disuelva la gelatina en agua caliente y revuelva con las yemas, ron, licor de huevo y chocolate caliente. Deje enfriar. Bata las claras a punto de nieve espolvoreándolas con el azúcar avainillado. Mezcle las claras con la masa de chocolate fría, con movimientos envolventes. Bata la crema de leche, agregue el azúcar y mezcle con la masa. Vierta en un recipiente o vasos y refrigere por varias horas.

Con esta *mousse* combina bien un lecho de salsa de frutas licuadas, por ejemplo de kiwi y fresas, endulzadas al gusto.

Ingredientes para la Mousse de Chocolate Blanco:

400 g de chocolate blanco, 4 sobres de gelatina

4 cdas. de licor de Marrasquino, 4 huevos

500 ml de crema de leche, 40 g de azúcar

100 g de virutas de chocolate

Derrita el chocolate partido en trozos al baño maría. Disuelva la gelatina en agua caliente y revuelva con el Marrasquino y el chocolate derretido. Bata los huevos al baño maría caliente y luego enfríe al baño maría frío. Bata la crema y agregue el azúcar. Mezcle la masa de huevos con la de chocolate y la crema de leche. Deje enfriar, retire por cucharadas y sirva espolvoreada con virutas de chocolate.

Sugerencia para servir:

60 ml de crema de caramelo

20 ml de salsa de frambuesa licuada

2 porciones de Mousse de Chocolate Blanco

1 porción de Mousse de Chocolate

10 ml de crema de leche batida

1 barquillo

Rocíe salsa de caramelo en un plato, agregue un poco de salsa de frambuesa y haga figuras con un palillo. Coloque las porciones de mousse en la mitad, decore con copos de crema batida y el barquillo.

Sorpresa de Aromas

Ingredientes para la Crema de Ron y Chocolate (arriba):

150 g de puré de papa instantáneo

100 g de uvas pasas sultanas

60 ml de brandy

300 g de chocolate semiamargo

2 huevos separados

100 g de azúcar

300 g de mantequilla

300 ml de crema de leche

Prepare el puré siguiendo las indicaciones del empaque. Rocíe las uvas pasas con el brandy y déjelas macerar por 2 horas. Derrita el chocolate partido en trozos al baño maría. Bata las claras espolvoreándolas lentamente con la mitad del azúcar. Bata la mantequilla con el azúcar restante hasta que esté cremosa, y luego con el puré, yemas, uvas pasas en brandy y chocolate. Bata la crema de leche y mezcle con la masa. Por último, agregue las claras con movimientos envolventes. Sirva en vasos.

Ingredientes para la Crema de Jerez y Chocolate (abajo):

2 sobres de gelatina sin sabor

5 huevos separados

200 g de azúcar

3 cdas. de azúcar avainillado

400 ml de crema de Jerez

50 ml de jugo de limón

500 ml de crema de leche

50 g de astillas de almendra tostadas

125 g de chocolate rallado

Para decorar:

bizcocho y decoraciones de chocolate

Disuelva la gelatina en un poco de agua caliente. Bata las yemas con la mitad del azúcar y el azúcar avainillado. Mezcle lentamente con el Jerez, el jugo de limón y la gelatina. Refrigere la masa. Bata la crema de leche y las claras a punto de nieve, por separado. Mezcle la crema con las claras, astillas de almendra, chocolate rallado y el resto del azúcar. Vierta en vasos y refrigere. Sirva con bizcocho y decoraciones de chocolate.

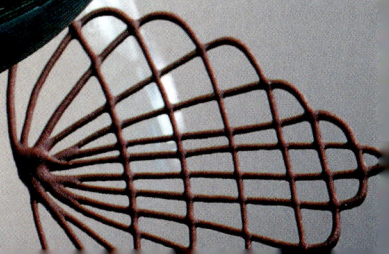

Budín Imperial
Flan de Moca

Ingredientes para el Budín Imperial (arriba):

Para un molde de 1 ½ litros:

mantequilla, para engrasar

miga de pan

150 g de cobertura o tabletas de chocolate

100 g de almendras molidas

60 g de bizcocho

35 g de harina de trigo

2 cdas. de cacao en polvo

5 huevos separados, 125 g de mantequilla

½ cdita. de canela en polvo

80 g de azúcar, azúcar avainillado al gusto

5 claras de huevo

Engrase un molde con tapa para budín y espolvoree con miga. Ralle el chocolate y mézclelo con las almendras, el bizcocho cortado en trozos, la harina y el cacao. Bata las claras. Revuelva la mantequilla con las yemas, azúcar y canela, hasta que esté cremosa. Luego mezcle con el chocolate con las claras batidas, con movimientos envolventes. Vierta la masa en el molde y tape.

Cocine el budín al baño maría en horno precalentado a 200ºC (392ºF), por 45 a 50 minutos. Deje enfriar por 15 minutos y desmolde. Sirva con sus salsas preferidas, calientes.

Sugerencia al servir:

1 porción de budín de chocolate

100 ml de salsa de vainilla

10 ml de *Bailey's*

20 ml de crema de leche batida

Ingredientes para el Flan de Moca (abajo):

250 ml de crema de leche

750 ml de leche entera

100 g de azúcar

azúcar avainillado al gusto

100 g de fécula de maíz

3 cditas. de café instantáneo

3 cdas. de chocolate en polvo

Hierva la crema de leche con 600 ml de leche y ambos azúcares. Revuelva la fécula, el café y el chocolate con la leche restante; luego mezcle con la leche hirviendo y deje hervir nuevamente. Vierta en moldes para flan y deje enfriar.

Sugerencia para servir:

2 porciones de flan

20 ml de salsa de vainilla

30 ml de salsa de fresas silvestres

barquillos

Sirva los flanes con las salsas y decore con los barquillos.

Sopa de Chocolate con Copos de Nieve

Ingredientes para la Sopa de Chocolate:

120 g de cobertura de leche entera

750 g de leche entera

1 yema de huevo

2 huevos

50 g de azúcar

2 cdas. de azúcar avainillado

250 ml de crema de leche

1 pizca de sal

4 bizcochos dulces

Para los copos de nieve:

agua caliente

3 claras de huevo

1 cdita. de azúcar

Para espolvorear:

azúcar con canela

Parta la cobertura en trozos y derrita en la leche. Bata las yemas con los huevos y ambos azúcares hasta que estén cremosas. Revuelva la leche al chocolate con la crema, la mezcla de huevos y la sal. En cada plato coloque 1 bizcocho y vierta la leche.

Para preparar los copos de nieve, caliente el agua sin dejar hervir. Bata las claras, espolvoreándolas con el azúcar. Retire cucharadas de batido y colóquelas en el agua caliente; tape y deje que se endurezcan.

Sugerencia para servir:

Vierta 150 ml de Sopa de Chocolate en un plato, decore con 5 copitos y espolvoree con el azúcar.

Capricho de Parfaits

Ingredientes para el Parfait Moreno:

6 yemas de huevo	
125 g de azúcar	
80 g de cobertura amarga	
70 ml de leche	
2 cdas. de cacao	
1 cda. de azúcar avainillado	
20 ml de ron	
500 ml de crema de leche batida	

Bata las yemas al baño maría con la mitad del azúcar, o mejor con batidora. Enfríelas de la misma manera. Cocine un jarabe con la cobertura, leche, cacao, azúcar avainillado y azúcar restante; deje enfriar. Revuelva con el ron, mezcle con las yemas y luego con la crema de leche batida. Vierta en moldes y congele. Antes de servir, corte el helado en tajadas o retire porciones.

Sugerencia para servir:

1 tajada de Parfait Moreno
3 mitades de albaricoque
10 ml de crema de leche batida
2 cdas. de salsa de fresas silvestres
1 cda. de piñones

Decore la tajada con albaricoque y crema de leche. Rocíe con la salsa y espolvoree con los piñones.

Ingredientes para el Parfait Blanco:

8 yemas de huevo	
4 huevos	
190 g de azúcar	
300 g de chocolate blanco	
60 ml de Kirsch	
400 ml de crema de leche	
3 cdas. de azúcar avainillado	
1 cdita. de espesante para crema de leche para afirmar	
80 g de pistachos picados	
100 g de merengue	

Bata las yemas con los huevos y el azúcar al baño maría caliente, y enfríe. Derrita el chocolate partido en trozos al baño maría y mezcle con el *Kirsch*. Bata la crema de leche con el azúcar avainillado y el espesante, mezcle los huevos con los pistachos y la preparación anterior. Vierta la masa en un molde, decore con los trozos de merengue y congele.

Sugerencia para servir:

60 ml de Salsa de Chocolate (pág. 98)
20 ml de salsa de frambuesa
1 tajada de Parfait Blanco
1 cda. de crema de leche batida
1 cdita. de nueces picadas

Vierta un lecho de salsa de chocolate en un plato, agregue la de frambuesas y haga dibujos con un palillo. Decore con crema batida y nueces picadas.

Contraste Festivo
Copa de Helado Tropical

Ingredientes para el Contraste Festivo:

800 ml de leche entera

200 ml de crema de leche

6 huevos

200 g de azúcar

50 g de azúcar avainillado

125 g de cobertura de chocolate

Para la salsa de menta:

200 ml de crema de leche, 100 ml de leche

1 ramillete de menta, 4 yemas de huevo

50 g de azúcar, 1 cda. de licor de menta

Para decorar:

astillas de chocolate, hojas de menta

Para preparar el helado, caliente la leche con la crema y la mitad del azúcar. Bata los huevos con el azúcar restante y el avainillado, hasta que estén cremosos. Bata la leche caliente con la mezcla de huevos. Disuelva la cobertura en la mezcla y deje enfriar; luego congele.

Para preparar la crema de menta, hierva la crema con la leche, incorpore las hojas de menta lavadas y deje en infusión por 10 minutos. Cuele la salsa. Revuelva las yemas con el azúcar y vierta la leche de menta caliente, sin dejar de revolver hasta ligar bien la crema. Por último, rocíe con el licor de menta y revuelva hasta que se enfríe.

Sugerencia: sirva el helado de chocolate sobre un lecho de crema de menta, salpique con astillas de chocolate y decore con hojas de menta.

Ingredientes para 1 Copa de Helado Tropical:

2 bolas de helado de chocolate

1 bola de helado de moca

½ banano

20 ml de licor de chocolate

20 ml de crema de leche batida

Coloque 1 bola de helado de chocolate y 1 de moca en una copa. Corte el banano en rodajas y distribúyalo en el borde de la copa. Rocíe con el licor de chocolate y disponga encima otra bola de helado de chocolate. Por último, decore con una roseta de crema de leche y hojas o *waffles* de chocolate.

Ambrosía de Frutas Achocolatadas

Melocotones al Chocolate

8 mitades de melocotón enlatado
100 g de mazapán
65 ml de mermelada de albaricoque
200 g de cobertura de chocolate

Escurra los melocotones y rellene con el mazapán. Caliente la mermelada, unte los melocotones y deje secar. Derrita la cobertura partida en trozos al baño maría y deje enfriar hasta que alcance los 30ºC. Sumerja o pincele los melocotones con la cobertura.

Fresas al Chocolate

500 g de fresas
450 g de cobertura
50 g de azúcar

Lave y escurra las fresas sin quitar los tallos. Derrita la cobertura partida en trozos al baño maría y deje enfriar hasta que alcance los 30ºC. Sumerja $2/3$ de las fresas en la cobertura, páselas por el azúcar y deje secar.

Manzanas al Chocolate

10 manzanas pequeñas enlatadas
75 g de jalea de manzana
1 cda. de azúcar
300 g de cobertura de chocolate

Escurra las manzanas sin quitar los tallos. Hierva la jalea con el azúcar y sumerja las manzanas; deje enfriar. Derrita la cobertura partida en trozos al baño maría y deje enfriar hasta que alcance los 30ºC; sumerja las manzanas y deje endurecer.

Piñas al Chocolate

10 anillos pequeños de piña, enlatada o fresca
80 g de mermelada de albaricoque
2 cdas. de azúcar
400 g de cobertura de chocolate

Escurra los anillos de piña. Hierva la mermelada de albaricoque con el azúcar y unte los anillos. Derrita la cobertura partida en trozos al baño maría y deje enfriar hasta que alcance los 30ºC. Sumerja los anillos en la cobertura y deje endurecer.

Tertulia de Chocolates

Chocolate de Susi

Para 8 tazas:

250 ml de crema de leche
500 ml de leche entera
50 g de azúcar avainillado
80 g de cacao en polvo

Bata la mitad de la crema. Hierva la leche. Mezcle el azúcar avainillado con el chocolate y la crema restante. Revuelva la crema de chocolate con la leche y deje hervir nuevamente. Vierta en tazas para chocolate, decore con la crema batida y espolvoree con cacao en polvo.

Chocolate de la Abuela

Para 2 tazas:

4 cdas. de crema de leche batida
3 cditas. de licor de huevo
200 ml de leche entera
1 cda. de edulcorante dietético
80 g de chocolate semiamargo dietético
2 pizcas de chocolate en polvo

Revuelva la crema batida con el licor de huevo. Caliente la leche con el edulcorante, agregue el chocolate partido en trozos y revuelva hasta que se disuelva. Vierta el chocolate en tazas y cubra con una capa de licor de huevo con crema batida. Espolvoree con chocolate en polvo.

Cacao de la Tía Ulla

Para 2 tazas

50 ml de crema de leche
50 g de cacao en polvo
250 ml de leche entera
azúcar avainillado al gusto
50 ml de ron añejo

Bata la crema de leche. Revuelva el cacao con 50 ml de leche, reserve 1 pizca de cacao, para decorar. Hierva la leche restante con el azúcar avainillado y mezcle con la leche con cacao. Deje hervir, retire del fuego y rocíe con el ron. Vierta en tazas, cubra con una capa de crema batida y espolvoree con el cacao reservado.

Chocolates del Viejo Mundo

Chocolate Portugués (abajo)

Para 4 tazas:

250 ml de leche entera
250 ml de crema de café
75 g de chocolate de leche entera
¼ cdita. de c/u: canela y cardamomo en polvo
2 huevos

Caliente la leche con la crema de café, chocolate partido en trozos, canela y cardamomo, hasta que el chocolate se derrita. Bata los huevos, mezcle con la leche caliente y cocine sin dejar hervir, revolviendo constantemente hasta que espese. Vierta en tazas.

Cacao Escocés (centro)

Para 2 tazas:

3 cdas. de crema de leche batida
1 cda. de Bayley's
100 ml de agua
100 g de chocolate dietético de leche entera
100 ml de leche descremada
1 cda. de edulcorante dietético

Revuelva la crema batida con el whisky. Hierva el agua, disuelva el chocolate, agregue la leche y el edulcorante. Bata y deje hervir. Vierta en tazas y cubra con una capa de crema de whisky.

Chocolate Francés (arriba)

Para 3 tazas:

250 ml de leche entera
125 g de chocolate de leche entera
2 cdas. de azúcar
2 yemas de huevo
20 ml de Cognac

Hierva $2/3$ de la leche con el chocolate partido en trozos y el azúcar. Bata las yemas de huevo con la leche restante y añádala a la preparación anterior cuando ésta deje de hervir. Bata hasta que esté cremosa y agregue el *Cognac*. Vierta en tazas y sirva de inmediato.

Carnaval de Chocolates

Chocolate Brasileño (izquierda)

Para 4 tazas:

300 ml de agua
100 g de chocolate en bloque
4 cdas. de azúcar moreno
1 cda. de miel de abejas
1/2 cdita. de canela en polvo
1/4 cdita. de azúcar avainillado
1 cdita. de fécula de maíz
300 ml de leche

Hierva el agua con el chocolate partido en trozos, azúcar, miel y condimentos. Diluya la fécula de maíz en un poco de leche y utilícela para espesar el chocolate; agregue la leche y caliente.

Vierta en tazas y sirva caliente.

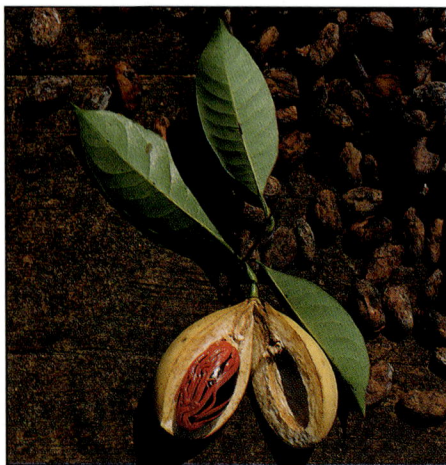

Chocolate Mexicano (derecha)

Para 3 tazas:

300 ml de agua
1 huevo
1/4 cdita. de pimienta blanca molida
1 cda. de azúcar avainillado
200 g de chocolate semiamargo

Hierva el agua. Revuelva el huevo con la pimienta y el azúcar avainillado y rocíe con el agua caliente. Agregue el chocolate partido en trozos y deje hervir. Retire del fuego y bata por 20 segundos. Vierta en tazas y sirva caliente.

Fruto abierto del cacao.
Antes de convertir los granos en chocolate, se deben limpiar, tostar, partir y retirar la cáscara.

Néctares con Aroma de Vainilla

Helado Ruso (izquierda adelante)

Para 1 porción:

50 ml de leche fría

50 ml de cacao fuerte, frío

20 ml de vodka

1 bola de c/u: helado de chocolate y de moca

10 ml de crema de leche batida

1 cdita. de hojuelas de chocolate

En un vaso, revuelva la leche con el cacao y el vodka. Agregue las bolas de helado, decore con una roseta de crema batida y hojuelas de chocolate.

Helado de Nuez (atrás)

Para 1 porción:

1 bola de c/u: helado de nuez y de Bourbon y vainilla

20 ml de licor de nuez

125 ml chocolate preparado, frío

2 cdas. de crema de leche batida

½ cdita. de hojuelas de avellana tostadas

Coloque los helados en un vaso. Rocíe con el licor de nuez y la bebida de chocolate, decore con crema y espolvoree con avellanas.

Bebida Suiza de Chocolate (derecha)

Para 1 copa:

125 ml de chocolate preparado, frío

20 ml de Kirsch

1 cda. de azúcar avainillado

1 bola de helado de moca

2 cdas. de crema de leche batida

astillas de chocolate

Revuelva el chocolate con el *Kirsch* y azúcar avainillado; vierta en un vaso. Agregue el helado y decore con una roseta de crema batida y astillas de chocolate.

Regalos para el Paladar

Helado de Chocolate Holandés (adelante)

Para 1 porción:

1 cda. de chocolate en polvo

1 cda. de azúcar avainillado

120 ml de leche entera

20 ml de licor de huevo

1 bola de c/u: helado de caramelo
y de vainilla

2 cdas. de crema de leche batida

1 cdita. de Salsa de Chocolate

Mezcle el chocolate en polvo con el azúcar y revuelva con la leche. Agregue el licor, mezcle y vierta en un vaso. Coloque encima las bolas de helado. Decore con crema batida y rocíe con Salsa de Chocolate (pág. 98).

Salsa de Chocolate

Para aprox. 900 ml de salsa:

400 g de cobertura de chocolate

250 ml de crema de leche

125 g de azúcar

½ cdita. de café instantáneo

Derrita la cobertura partida en trozos al baño maría y mezcle bien con los ingredientes restantes; deje hervir revolviendo constantemente. La salsa se puede preparar con anticipación y servir fría o caliente.

Chocolate Grand Marnier (atrás)

Para 1 porción:

150 ml de cacao fuerte, frío

20 ml de Grand Marnier

2 bolas de helado de vainilla

2 cdas. de crema de leche batida

¼ cdita. de cacao en polvo

Llene un vaso con el cacao y el *Grand Marnier*. Coloque encima el helado. Decore con crema batida y espolvoree con cacao.

Frescuras Malteadas

Malteada de Chocolate (izquierda)

Para 1 vaso de 250 ml:

125 ml de leche entera

20 ml de Salsa de Chocolate (pág. 98)

1 cda. de chocolate en polvo

1 bola de c/u: helado de chocolate y
de vainilla

Licue todos los ingredientes; no deben quedar restos de helado.
Las malteadas son originarias de Norteamérica y se encuentran entre las bebidas más apreciadas. Se pueden preparar con batidor o en licuadora. La mezcla se compone de leche entera, azúcar, sustancias aromáticas y helado. Como la preparación es rápida, estarán listas en pocos segundos.

Malteada de Chocolate y Caramelo

Para 1 vaso de 250 ml:

125 ml de leche entera

2 cdas. de jarabe de chocolate

1 cda. de jarabe de caramelo

1 cda. de azúcar avainillado

1 bola de c/u: helado de chocolate
y de caramelo

Licue todos los ingredientes. Si desea, decore con crema de leche.

Trío de Flips

Flip de Cacao (atrás)

Para 1 copa:

2 cubos de hielo
30 ml de crema de cacao
20 ml de brandy ·
1 cdita. de azúcar pulverizado
1 cdita. de cacao
1 yema de huevo
1 pizca de nuez moscada

Agite todos los ingredientes con el hielo. Cuele en copa y espolvoree con cacao.

Para mezclar un *flip* se necesita un batidor, trozos de hielo y los ingredientes. Se bate fuertemente y se vierte en copas. Algunos condimentos fuertes como nuez moscada, canela y cardamomo realzan su sabor.

Flip Marion (centro)

Para 1 copa:

2 cubos de hielo
20 ml de Cognac
10 ml de licor Bénédictine
20 ml de jarabe de chocolate
20 ml de crema de leche
1 yema de huevo
1 grano de chocolate, para decorar

Agite todos los ingredientes y cuele en una copa. Decore con el grano de chocolate.

**Flip de Chocolate
de las Indias Occidentales** (adelante)

Para 2 porciones:

4 cubos de hielo
75 ml de crema de leche
60 ml de licor de huevo
5 cdas. de chocolate en polvo
50 ml de licor de Curaçao
2 yemas de huevo
1 cdita. de astillas de chocolate

Agite todos los ingredientes, cuele en copas y espolvoree con astillas de chocolate.

Cocteles Exóticos

Coctel de Chocolate y Vainilla (izquierda)

Para 1 copa de 200 ml:

100 ml de Salsa de Vainilla (pág. 44)

30 ml de Salsa de Chocolate (pág. 98)

2 cdas. de cerezas

1 bola de helado de chocolate

10 ml de licor de chocolate

Vierta la Salsa de Vainilla en una copa. Cubra con Salsa de Chocolate y con un palillo forme figuras dentro de la salsa. Coloque encima el helado y las cerezas. Rocíe con el licor.

Coctel de Chocolate y Huevo (derecha)

Para 1 copa de 125 ml:

40 ml de Salsa de Chocolate (pág. 98)

30 ml de licor de huevo

1 bola de helado de sabayón

2 cdas. de crema de leche semibatida

1 cdita. de hojuelas de chocolate

Vierta la Salsa de Chocolate en una copa. Rocíe el licor en forma de anillo. Coloque el helado en la mitad, cubra con crema y espolvoree con hojuelas de chocolate.

Glosario

azúcar avainillado: azúcar en polvo adicionado mínimo con 10% de extracto en polvo o esencia de vainilla natural. Se usa para dulces y en pastelería. También se consigue la adicionada con vainilla sintética.

Bailey's Irish Cream: crema de whisky escocés; marca comercial de un licor de whisky de baja graduación alcohólica (15%). Tiene un gusto a crema de leche y chocolate y suele beberse con hielo.

Bénédictine: marca comercial de un célebre licor a base de diversas plantas, esencias y aromas.

Bourbon: aguardiente de grano americano que se destila a partir del maíz, al que se añaden centeno y cebada malteada, en proporciones variables. Se consume solo o entra en la preparación de algunas recetas.

Curaçao: licor de naranja, fabricado primero por los holandeses en la isla del mismo nombre. Es aromático, de color dorado, digestivo y se usa para aromatizar *soufflés* y para confeccionar cremas, salsas, cocteles y postres.

espesante de crema de leche: polvo que se añade a la crema de leche para afirmarla. Puede remplazarse por 1 cucharadita de gelatina sin sabor disuelta en 1 ½ cucharadas de agua, al baño maría. Se debe usar 1 cucharadita por cada libra de crema de leche.

Grand Marnier: marca de un licor untuoso y perfumado elaborado a base de naranja y *Cognac*. Se usa solo como licor, o en pastelería.

Grand Marnier: marca de un licor perfumado a base de naranja y *Cognac*. Se toma solo como licor, o se utiliza en pastelería.

Kirsh: aguardiente de cereza. Tiene gusto fino y se usa en pastelería y confitería.

marrasquino: licor preparado por edulcoración de aguardiente de marasca, variedad de cereza amarga.

mazapán: pasta hecha con almendras molidas y azúcar, cocida al horno.

mousse: preparación salada o dulce, ligera y fundente a base de huevos, nata, merengue (para los postres). Suele moldearse adicionada con gelatina y por lo general se sirve fría, aunque puede comerse caliente.

nougat: dulce a base de azúcar, miel y frutas secas. La pasta de azúcar se mezcla con jarabe de glucosa, miel y azúcar invertido, y se bate con clara de huevo, gelatina o albúmina de huevo, o leche. Se rellena con frutas y se extiende para enfriarla y luego cortarla.

piñón: semilla ovalada extraída del pino piñonero. De gusto parecido a la almendra, se consume en platos de dulce o sal.

Índice alfabético de recetas

Las recetas son para cuatro personas, salvo cuando
se indique otra cosa

Soufflé de Chocolate 74
Strudel de Chocolate con Salsa de Vainilla 44
Suspiros 58

Torta de la Selva Negra 42
Torta Inglesa al Whisky 32
Torta de Almendra y Chocolate 38
Torta Royal 34
Torta Sacher 40
Torta Stephanie 50
Trufas de Chocolate 24
Trufas de Mantequilla 24
Trufas de Nuez y Ron 24
Trufas de Piña 24

Waffles de Chocolate 54

Índice de recetas por grupos

Las recetas son para cuatro personas, salvo cuando se indique otra cosa

Tabla de conversión

Líquidos (volumen)

Litro	Taza	Básica
2,5 ml		½ cdita.
5 ml		1 cdita.
7 ml		2 cdita.
15 ml		1 cda.
28 ml	⅛	2 cdas.
56 ml	¼	4 cdas.
75 ml	⅓	5 cdas.
110 ml	½	8 cdas.
150 ml	⅔	10 cdas.
170 ml	¾	12 cdas.
225 ml	1	16 cdas. = ½ pinta
250 ml = ¼₁		
280 ml	1 ½	20 cdas.
335 ml	1 ½	3/4 pintas
450 ml	2	1 pinta = ½ cuarto
500 ml = ½₁	2 ¼	
560 ml	2 ½	1 ¼ pinta
675 ml	3	1 ½ pinta
750 ml = ¾₁	3 ½	
840 ml	3 ¾	
900 ml	4	2 pintas = 1 cuarto
1000 ml	4 ½	

Sólidos (peso)

Gramo	Taza	Básica
5 g		1 cdita.
7 g		½ cda.
14 g		1 cda.
28 g	⅛	2 cdas.
56 g	¼	4 cdas.
112 g	½	8 cdas. = ¼ lb
168 g	3/4	12 cdas.
225 g	1	16 cdas. = ½ lb
250 g = ¼ kg		
340 g		¾ lb
450 g	2	1 lb
500 g = ½ kg